# 档案管理理论与实践研究

李 丹　崔 洁　刁庭余 ◎著

吉林出版集团股份有限公司
全国百佳图书出版单位

**图书在版编目（CIP）数据**

档案管理理论与实践研究 / 李丹, 崔洁, 刁庭余著.
-- 长春：吉林出版集团股份有限公司, 2023.6
ISBN 978-7-5731-3752-4

Ⅰ.①档… Ⅱ.①李…②崔…③刁… Ⅲ.①档案管
理 Ⅳ.①G271

中国国家版本馆CIP数据核字(2023)第141179号

DANG'AN GUANLI LILUN YU SHIJIAN YANJIU

# 档案管理理论与实践研究

| | |
|---|---|
| 著　　者/ | 李 丹 崔 洁 刁庭余 |
| 责任编辑/ | 金方建 |
| 开　　本/ | 787 mm × 1092 mm　　1/16 |
| 印　　张/ | 10.75 |
| 字　　数/ | 200千字 |
| 版　　次/ | 2023年6月第1版 |
| 印　　次/ | 2023年6月第1次印刷 |
| 出　　版/ | 吉林出版集团股份有限公司 |
| 发　　行/ | 吉林音像出版社有限责任公司 |
| | （吉林省长春市南关区福祉大路5788号） |
| 电　　话/ | 0431-81629679 |
| 印　　刷/ | 吉林省信诚印刷有限公司 |

ISBN 978-7-5731-3752-4　　定价　58.00元

# 前 言

随着知识经济时代的来临，经济迅猛增长，科技飞速发展，社会不断进步。这一时期，信息繁杂，来源广泛，怎样运用高效率的手段来收集、处理以及整合信息在档案管理中显得越来越重要，这也是我国档案事业发展的核心问题。档案管理工作要与时俱进，为保证档案事业向着现代化管理方向健康发展，要认真处理好理论研究与实践的关系。

基于此，本书以"档案管理理论与实践研究"为题，第一，阐述档案学的形成与发展，内容包括档案的起源与价值、档案学的学科归属、档案学共同体、档案学学科体系；第二，分析档案工作的性质与流程，内容涉及档案工作的性质与原则、收集与整理工作、鉴定与保管工作、统计与检索工作、利用与编辑工作；第三，论述档案管理的依据、维护与现代化发展，内容涵盖档案管理的理论依据、档案管理的维护工作、档案管理人员的能力培养、档案管理走向档案治理、档案管理的现代化机理与意义、档案管理现代化中的技术基础、档案管理现代化发展；第四，探索旅游档案管理的特色资源开发与保护，内容涉及旅游产业高质量发展、旅游特色档案资源开发、旅游档案微信公众号价值探索、非遗旅游资源开发与档案保护；第五，探究市场监督档案管理的信息化建设，内容包括市场监督的发展现状、市场监督管理档案管理的种类与特点、市场监督管理档案管理的优化策略、市场监督管理档案管理的技术应用创新；第六，探讨社会保险档案管理的规范化与数字化建设，内容涵盖社会保险的发展、社会保险业务档案的规范化管理、社会保险业务电子档案管理、社会保险档案数字化建设。

本书结构完整，视野开阔，层次清晰，紧跟时代步伐，满足用户不断更新的需求，利用科学技术，进一步推动档案管理的高质量发展。本书可供广大档案管理相关从业人员、高校师生与知识爱好者阅读使用，具有一定的参考价值。

本书共七章，其中，第一作者单位方向郑州旅游职业学院，负责第二、第四、第五章内容撰写；第二作者单位方向承德市市场监督管理局，负责第三、六章内容撰写；第三作者单位方向承德市社会保险事业管理局，负责第一、第七章内容撰写。

本书在写作过程中，得到了许多专家、学者的帮助和指导，在此表示诚挚的谢意。由于笔者水平有限，加之时间仓促，书中所涉及的内容难免有疏漏之处，希望各位读者多提宝贵意见，以便笔者进一步修改，使之更加完善。

李 丹 崔 洁 刁庭余

2023 年 2 月

# 目 录

# 第一章　档案学的形成与发展

## 第一节　档案的起源与价值

### 一、档案的起源

档案是档案管理活动的物质对象，也是档案学研究对象的基础。档案是人类社会发展到一定阶段的文明产物，是人类社会实践活动的原始记录。为了克服和弥补语言与记忆的易遗忘、无法存储备用、传给后人等缺陷，人类逐步创造了载录信息的文化记录工具，产生了历史记录，随之产生了档案。"档案起源是一个历史过程。在这个历史过程中，档案的根本作用是它产生与发展的根据。"因此，档案的起源如下：

第一，结绳、刻契的初始。档案起源于文字未产生之前的"结绳刻契"时代。当人们第一次有意识地在绳子上打不同的结、在木头等物体上刻画不同的痕迹，并以此来记录相应不同的信息时，这些打了结的绳子和刻画了痕迹的物体就成为最早的历史记录和档案。但是，由于结绳和刻契还不是一般意义上的历史记录和档案，因而称之为史前时期的档案。

第二，文字的产生。档案起源于文字的产生与使用，当人们第一次用文字来记录和交流信息时，档案也随之出现。

第三，国家的形成。档案起源于国家出现之后，当国家第一次用以进行阶级统治和国家管理的文件被有意识地保存起来时，档案就出现了。如1899年，在河南安阳小屯村殷墟发现的甲骨文，记载了商王朝的许多事迹，反映了王令、臣仆、巡游、征战、犁田、渔猎、天象、医药等各方面的情况。这些甲骨文，多是比较集中地保存于宗庙的所在地，有的按朝代排列，有的把龟甲与牛胛骨分别保存，有的甲骨还穿孔编制成册，看来它们是有意识被保存起来的档案。

### 二、档案的价值与作用

#### （一）基本价值

凭证价值和参考价值（情报价值）是档案作用的主要特点和档案价值的基本结构，

又称为档案的基本价值。

1. 凭证价值

档案是原始记录，是历史的真凭实据，具有法律效用。档案之所以有凭证作用，是由档案的形成规律及其本身的特点所决定的。

从档案的形成看，它是原始形态的文件，是当时、当地、当事人留下来的记录及未经过任何人改动的原稿和原本，直接地记录和反映了当时人们的思想和活动，可靠性较强，是令人信服的证据，具有无可争辩的证据作用。

从档案本身的物体形态来看，它记录着形成者留下的历史真迹，如：手稿、笔迹、印信、照片、录音、录像等，因此，档案在维护历史面貌、评断各种纠纷、查明史实、办理案件、维护国家主权和领土完整等方面都具有凭证作用。

2. 参考（情报）价值

档案不仅记录了历史活动的事实经过，而且记录了人们在各种活动中的思想发展、生产技术和政治斗争的经验教训以及科学研究和文化艺术中的创作成果。因此，它对人们查考既往情况，掌握历史材料，研究有关事物的发展规律，批判和继承历史遗产都具有广泛的参考价值。

档案作为参考材料的主要特点是它的原始性和较大的可靠性，是难得的第一手材料，具有更大的真实性，同时，我们必须看到，档案的真实性和可靠性是相对的，应辩证地看待。从总体来说，档案是原始记录，是可靠的历史材料。从具体的档案文件来讲，由于阶级斗争的复杂性和人们认识的局限性等原因，有些档案文件所记述的内容并不符合客观实际与历史事实，有些甚至是歪曲和捏造的。因此，不能认为凡是档案上记载的都是真实的。但是，这并没有改变档案原始记录的属性，它还是如实地表述了当事人的意图，留下了当事人的行为痕迹，反映了当时的历史情况。就此而言，档案仍不失其真实的记录性。

## （二）作用的发挥规律

档案作用和价值的发挥是有一定规律的，通过对其研究，有助于科学地管理好档案，充分发挥档案的作用。

1. 档案价值的扩展规律

由于档案的形成者需要经常查阅，此时利用者的初始利用，通常被称为原始价值或第一价值，是档案形成者保存和积累档案的主要动力。随着时间的推移，形成者利用档案的要求逐渐减弱，社会其他部门的利用需求却在增强，档案的作用已由形成者扩大到社会，此时档案对于形成者以外的这种社会作用被称为第二价值。作为档案工作者，要明确档案价值的扩展规律，以辩证的观点认识档案的作用和价值，正确处理好第一价值与第二价值、局部与整体、当前与长远的关系。

**2. 档案机密性的递减规律**

档案存在公开与保密两种特性，当档案作为一种历史材料时，具有社会性，需要对外开放；当档案内容涉及机密时，就具有内向性，需要保密。因此，作为档案工作者，需要处理好档案的内向性与社会性、保密与开放的辩证统一关系。一般来说，档案的机密性随着时间的推移和条件的变化而发生变化。一般情况是，档案形成时间距今越近，机密度越高，内向性越强；距今越远，机密度越低，社会性越强。也就是说，档案的机密度与档案形成时间的久暂成反比。明确了这一特点和规律，我们就既要看到档案的机密性，注意保密，也不要形而上学地把档案的机密性看成固定不变，而应随着时间的推移和形势的变化，不断地、合理地调整密级，逐步扩大档案的利用范围。

**3. 档案科学文化作用的递增规律**

随着社会的多元化发展，档案被赋予了越来越多不同的意义。为了档案事业的现代化高质量发展，必须打破思想僵化状态，充分发挥档案在社会主义现代化建设中的作用。

档案的作用是客观存在的，但处于静态的档案的作用又是潜在的，使潜在价值变为现实的直接价值要受到一定条件的制约。

（1）受社会条件的限制。社会发展水平、社会制度以及路线、方针、政策等，对于利用档案的需求和可提供利用的程度有很大的制约作用。

（2）受人们社会档案意识的影响。档案作用的发挥是随着人们社会档案意识的提高而逐步扩大的，凡是对档案的作用有足够认识的单位，档案作用的发挥就好。

（3）受管理水平的限制。档案发挥作用的重要条件之一，就是要用科学的方法把档案管理好。如果档案管理不善，那么档案的作用只能是潜在的因素。同时，还要逐步实现档案管理的现代化，努力提高档案的现代化管理水平，采用先进技术，使档案的重要作用在社会主义现代化建设中充分发挥出来。

# 第二节　档案学的学科归属

学科归属就是确定该学科与其相关学科的从属关系，亦即该学科是哪一门学科的分支学科。可见，学科归属问题的研究是以确认该学科是一门分支学科为前提的。档案学是一门研究档案现象及其运动规律的学科，作为一门独立的学科，有其自身较为完善的学科体系，这已是不争的事实。档案学显然属于社会科学群体，即档案学是社会科学中一门独立的学科。

## 一、档案学的学科归属演化

### （一）档案学科独立化的肇始

20世纪三四十年代：我国档案学科独立化的肇始，绕不开私立武昌文华图书馆专科学校（下文简称"文华图专"）档案管理专科的设置。可以说，文华图专的档案管理专科对于我国近代档案学作为独立学科的建立、体系的完善、特点的形成和进一步发展，起了重要的作用。1912年—1949年期间的档案专业教育是从图书馆学校开始的，原因包括：①由于"行政效率运动"的部分参与者系文华图专的图书馆学毕业生；②由于图书馆工作和档案工作具有一定的相似性。但彼时的档案学科附属于图书馆学，真正谋求档案学科走向独立的"宣言"是1940年9月文华图专向教育部的呈文，预示着在教育领域，档案学已从理念上正式从图书馆学以及前文提及的行政学和历史学中独立出来，不再作为任何一门学科的附属而存在，可视为其学科独立化的肇始。

### （二）档案学科独立化的正式建立

到了20世纪五六十年代，强大的国家政策导向，强有力地推动档案学快速地作为一门独立学科予以建设。换而言之，这一时期的档案学在一定程度上开启其独立化的进程。以中国人民大学为肇始的档案高等教育机构的建立，逐步实现了档案职业教育向档案专业教育的转化。在机构设置中，档案学是完完全全以独立学科的姿态独立建制的。以档案学研究室、南京史料整理处、档案科学技术研究所为代表的档案学研究机构也逐步开展档案学基础理论问题的研究。一批以教授和研究档案学为职业的档案学者群体形成，为独立化的档案学科在研究取向、范围和方法等方面奠定了初步基础。

从内在建制而言，20世纪五六十年代的中国档案学在学术争鸣和体系建设之中逐渐明确了学科的研究对象、指导思想、基本概念和学科性质。1956年，国务院科学规划委员会制订了我国第一个发展科学技术的长远规划——《1956—1967年哲学、社会科学规划纲要（草案）》。在这份规划纲要中，档案学成为所列16个独立学科之一，档案学学科独立地位的属性得到了正式承认。

### （三）档案学科的"历史文献学"归属

20世纪80年代在中国档案学科史上具有相对的独立性、自足性和历史段落性特征，如果从更长时段的历史角度来考察，80年代的中国档案学可谓处于现代档案学科史上最斑驳杂乱而又最生机勃勃的历史阶段，是中国档案学科史上最重要的过渡期和发育发展期。在这一阶段，档案学科建制在承续五六十年代已有的研究基础上有了新的发展。

由于1983年将档案学归属于历史文献学，学科发展的风向标也随之发生变化，诞生了众多职业、专业认同的学者人群，他们史学素质高，推动档案学史研究，使80年代档案学的"历史文献学"归属对学科发展产生了诸多影响。

### （四）档案学科的"管理学"门类归属

在1983年版《高等学校和科研机构授予博士和硕士学位的学科专业目录（试行草案）》试行3年后，经验与问题同时显现，1986年7月召开的国务院学位委员会第七次会议决定对《试行草案》进行修订。秉承"科学性、系统性、适用性"的总体修订原则，此次修订经历了三个阶段，到1990年10月，国务院学位委员会第九次会议正式批准《授予博士、硕士学位和培养研究生的学科、专业目录》，至此档案学的学科归属仍未发生改变。但随后的90年代，1990年版的专业目录逐渐不能完全适应社会主义市场经济的发展与高等教育管理体制改革的需要，1995年4月国务院第十三次会议以"拓宽学科面"为方向提议调整专业目录，总体工作目标为规范和理顺一级学科、拓宽和调整二级学科。因原历史学门类下历史学一级学科下设二级学科范围过宽，二级学科又划分过细，于是在这次修订中，档案学从历史文献学二级学科中独立出来，与图书馆学、情报学合成新的一级学科，这既契合了一级学科坚持按学科体系设置、宽窄适度原则，也符合档案学在时代发展变迁下学科归属的现实需求。

档案学科归属之所以发生了变动，原因包括：①档案学的历史文献学性质并非牢固不可撼动，经过20世纪八九十年代的学术发展，档案学对档案内容的关注与研究渐趋式微，档案学回归到载体的管理和研究中来；②档案学有了足够的底气作为一个独立的二级学科存在，而无须再委身作为历史文献学这一历史学二级学科下的子学科；③20世纪八九十年代档案界对档案学科性质的争论与日俱增，社会科学说、边缘科学说、交叉科学说、综合科学说、管理科学说、知识科学说等观点充斥着学界对"档案学科属于一门什么性质的学科"这一问题的思考。尽管调整后的一级学科并列式名称的设定如某些学者坦言并不尽如人意，但确实也符合档案学发展的规律性特征。事实证明，从原来的历史文献学下面的子学科变为一个独立的二级学科，档案学的学科地位得以极大提升，档案学科建设和专业教育也迎来了新的发展。

### （五）2022 年：档案学所属一级学科更名

2022 年 9 月，国务院学位委员会、教育部发布《研究生教育学科专业目录（2022年）》和《研究生教育学科专业目录管理办法》，"图书情报与档案管理"一级学科正式更名为"信息资源管理"，这既是中国特色社会主义发展的客观要求，也是学科发展和行业变革的必然结果。本次一级学科更名并非简单的名称更改，而是学科重新定位与学科发展观念、学科内涵、学科知识体系、学科实践体系的重大变革，必将给档案学科带来深刻的影响，这就要求档案学界全方位、多角度地审视和深刻理解信息资源管理学科对档案学专业的多元影响，在守正创新上探索发展新路。

## 二、档案学学科归属的未来

为了契合时代发展下的学科"变革"，需要创新档案学的发展空间、扩展档案学的研究视域、更新档案学的研究方法、加强档案学与其他学科的融合与联系、重新定位档案学的发展观念与学科内涵。在每一次变革过程中，"守正创新"通常会成为学科未来发展的惯常用语，且话语逻辑往往强调"守正"方可"创新"，"守正"是"创新"的前提条件。

### （一）坚守档案学科的独立性

随着科学发展综合化趋势的日趋加剧，档案学、图书馆学和情报学加强横向联系的趋势也日趋明显，而作为这种相互渗透、相互影响的必然结果是将出现一门研究它们的共同规律，以指导这几门学科进一步发展的新学科。

档案学的独立性是档案学的基本问题之一，渗透至档案学专业的价值理念和发展逻辑。坚守档案学的学科独立性，是构建档案学自主知识体系的题中之意。在信息时代下，档案管理的载体发生了变化；技术赋能背景下，档案学的研究对象与知识体系也发生了变迁，但具有原始记录性的信息载体及基于这一对象的管理流程、方法、规范，围绕这一对象的知识范畴、合乎逻辑的知识组织方式与学术共同体内共同坚守的价值准则，依然是档案学在"求变之道"中需要坚守的"不变之心"。档案学有其特殊的理论性和实践性特征，这些特征的坚守恰是档案学科独立化的底色和基石。

### （二）坚守档案学科的"历史品格"

从学科发展史和学科归属的历史变迁来看，档案学科的底层属性是维护历史原貌及在此基础上的档案价值衍生。档案学科的底层属性暗合着档案学科的"历史品格"，而学科的历史品格则来自对学科传统的珍视。

对历史档案的整理与挖掘日益成为历史学家的工作，这可从立项的国家社会科学基金数据库中得到印证，而且围绕历史档案的整理与挖掘所召开的学术会议也主要以历史学界为主导。中国档案事业史研究和少数民族档案事业史研究属于档案领域的专门史研究，主要还是以历史学的方法研究档案学的历史问题。档案与文明研究，则聚焦于档案对中华文明的传承、档案在当代精神文明建设中的作用等方面开展论述，也未涉及档案与历史的关系问题，未深入两个学科的学理逻辑链。可见档案学和历史学的关系已然渐行渐远，在一级学科更名下，这种趋势恐怕会更加凸显。

随着学科归属的演化及一级学科的更名与整合，在创新与融合的过程中，守住档案文献的特质、守住档案专业化的文史素养，理应成为档案学科"守正"的应有之义。一则，档案是社会活动的原始记录，既呈现着"历史的本身"，也进行着"历史的记录"，这一文献特质决定了档案学科的基本研究对象——档案及档案管理活动的原则与方法有其自身的独特性；二则，档案文献的"历史性"特质又决定了档案专业化过程中除了信息素养及技术的渗透外，文史素养同样不可或缺或忽视。

### （三）坚守档案学科专业化的基石

档案学科自中国大地诞生起就带有专业性和技术性的学科基因。近百年来，档案学科教育的出口即为社会提供档案专业人才，这可视为档案学科专业化的重要基石。档案专业人员的定义是：从事档案接收、征集、整理、编目、鉴定、保管、保护、利用、编研的专业人员，其主要工作任务是接收或征集档案资料；进行档案资料登记造册、价值鉴定，确定保管期限；进行档案资料分类、编号和组卷；进行档案资料排架、入库、移出及其登记、统计，清点、核对档案资料；进行档案库房日常管理和档案资料的安全监护，保护、修复档案；编制检索工具，建立数据库；提供档案资料借阅和咨询服务；进行档案资料考证研究与编纂。

不论数字化、信息化、技术化浪潮如何裹挟学科教育的内涵和边界，也不论档案业务的一些环节是否已然或即将被外包服务或技术化工具所取代，档案学科专业化的基石仍是这门学科所独有的、不可替代的职业竞争砝码，也是防止职业"空心化"的压舱石。

# 第三节　档案学共同体

## 一、档案学术共同体

### （一）档案学术共同体的特征

了解和把握档案学术共同体的主要特征，是全面了解档案学术共同体的客观要求，是顺利开展档案学术共同体价值及价值实现研究的重要前提。

### 1. 内聚性与排他性

所谓内聚性是指档案学术共同体内部往往有一个领导性的人物或者权威性的组织，能够把具有档案学知识的学者或者专家以及档案学的爱好者吸收到一起，为了追寻档案事业的发展而进行研究。档案学术共同体中权威性的组织是指中国人民大学信息资源管理学院。随着中国档案的不断发展，档案学术共同体的队伍也不断地扩大，其吸引力也越来越强，档案学术共同体的内聚性也在不断增强，各个高校、科研机构的学者在中国人民大学的影响下聚集到一起进行各项研究。

排他性，是相对其内聚性而言的，是指档案学术共同体内部成员将其他学术共同体的成员排除在外，不能对档案学的知识或者智力成果享有专有的权利，被排除在其服务的利益范围之外。不同的学术共同体由于所追求的目标和理念不一样，他们之间存在相互竞争、排斥异己的思想。一个发展比较成熟的学术共同体一般具有较为成熟的思想理念和比较稳定的学术成果展示阵地，如：报纸、期刊杂志。档案学的学术成果展示阵地有《中国档案报》《档案学通讯》《档案学研究》，在这些报纸杂志上一般只允许发表与档案学相关的文章，也就是说这是档案学术共同体所专享的权利，其他学术共同体的学术成果一般不能在这些期刊上发表。档案学术共同体的排他性能够增强档案学术共同体内部的凝聚力，进而增强档案学学科的独立性。

### 2. 独立性与自主性

独立性是指档案学术共同体作为一个独立的共同体存在，不受其他学术共同体的控制与影响。档案学是一门独立的学科，其档案学术共同体是具有独立的人格和主体意识的，即档案学术共同体的独立性。

自主是学术共同体在反对外界干预的过程中所争取、所获得的独立和自治，学术共同体内不受外行的控制和评判，在专业自律的范围内直接负有做出判断、采取行为的责任。档案学术共同体的自主性是指档案学术共同体是一个具有自主意识的群体，他们可以根据自己的专业知识、学术目标、学术理念等自由地选择自己的研究领域，具有自主选择的权利并且不受外界或其他学科学术共同体的影响和干涉。独立自主，具有较强的独立性才会有较强的自主性，我国档案学术共同体独立性不强，势必影响了档案学术共同体的自主性。

### 3. 封闭性与开放性

封闭性是指档案学术共同体内部为了保持档案学科的独立性或者保障档案学术成果的独享性而与外行进行绝缘。档案学术共同体的封闭性容易造成学术思维的狭隘，削弱档案学术共同体的生命力，不利于档案学科的持续发展。在经济发展日益全球化趋势下和信息技术不断推广的背景下，不断要求档案学术共同体不断接触新的思想、新的理念，档案学术共同体就必须"放眼看世界"，开展互动与合作。

档案学学术共同体的开放性主要表现在两个方面：一是学科之间的相互联系日益紧密，对一门学科的发展而言学习和借鉴其他领域的相关知识变得越来越必要，要求档案学术共同体进行跨学科的合作研究；二是经济发展日益全球化趋势，面对的社会环境越来越复杂，某些档案活动需要开展国际互动与合作。目前，档案学国际交流与合作不断加强，如一系列国际档案大会及档案圆桌会议的召开，国与国之间档案学者交流学习日益频繁，国际性档案合作的议题不断增加。档案学者肩负着重要的历史使命，开展互动和合作富有开放心态，这不仅是时代对档案学者提出要求，也是档案学科发展的要求。

### （二）档案学术共同体的主体构成

档案学术共同体是致力于档案学术研究以及档案实践的主体。实践性与应用性是中国档案学的学科特性，档案实践工作是档案学研究的基础，为档案学研究提供了可研究的问题，因此，档案学研究的主体除了以高校为主的档案理论部门的研究者，还有很多是来自档案管理部门、业务部门及其他档案相关部门的研究者。就目前档案学术共同体的现实情况来看，笔者认为档案理论部门研究者、档案实务部门研究者以及档案相关部门研究者是档案学术共同体的三大类。

#### 1. 档案理论部门的研究者

档案理论部门的研究者主要是指高等学校的档案学专业的师生以及档案研究部门的研究者。目前，我国档案学专业的教育工作者主要以师徒模式、课题模式、同事模式的形式进行档案学术研究。①师徒模式。师徒模式一般是指档案学专业的导师与他所带的研究生组合起来，他们研究的方向一般比较集中。②课题模式。课题模式一般是指对某个课题研究项目感兴趣的研究者集中起来就某个国家级、省级、校级的课题进行研究，他们在进行课题项目研究时以课题主要负责人为中心，具有较强的凝聚力，但又会随着课题的结题而解散。③同事模式。同事模式一般是指某个高校内部档案教育工作者凝聚在一起进行档案学术研究。

#### 2. 档案实务部门的研究者

档案实务部门的研究者主要是指档案局、档案馆等档案管理部门以及档案业务指导部门的工作者，即档案行政管理部门与档案业务管理部门的研究者。他们根据档案管理的实际需要进行档案研究，往往以丰富的档案管理实践经验为前提进行研究。实践出真知，档案学是一门实践性非常强的学科，档案工作实践是档案学理论产生的源泉，因此档案管理部门与业务部门的工作者就实践工作中经常遇到的问题进行研究，以满足实际工作需要。理所当然，他们就成为档案学术研究的组成部分，也就是档案学术共同体的组成部分。档案实务部门的研究者实践能力强，以日常工作实践经验以及相关技术的运用为研究对象进行研究，其研究的目的是解决实际工作中遇到的问题或者将会遇到的问题，为实际工作服务，研究的结果具有较强的实用性，但缺乏对档案学科未来发展方向的把握。

3. 档案相关部门的研究者

档案相关部门的研究者主要是指从事着与档案工作有关的相关部门的工作者或者具有档案研究兴趣爱好的研究者。这里主要包括各级档案学会工作人员及会员、档案学术期刊工作人员。档案学会是一个为档案学者共享档案学术资源、交流和传播档案学术成果提供学术研究平台并以繁荣档案学研究为目的的组织。档案学术期刊、档案出版社的工作人员直接与最新的档案研究成果、最新的档案学术思想接触，频繁地接触中就耳濡目染慢慢地也走进了档案学研究的圈子。为了满足档案工作发展的需要，出现了一批新型档案中介机构，如：文件中心、档案寄存中心、档案事务所、现行文件资料中心等。为了标榜自身存在的价值以及追求自身发展的利益，他们往往更加热衷于进行档案学研究以试图解决在提供档案服务工作中所遇到的问题。因此，这类新型的档案中介机构中的工作人员也加入档案学研究队伍，成为档案学术共同体的组成部分。

## （三）档案学术共同体的活动内容

档案学术共同体是指具有档案学教育背景或从事与档案有关的工作并进行档案学研究的社会群体，他们遵循共同的档案学术规范，以探求档案学术真理、促进档案学科发展、推动档案事业的发展为目的，致力于档案研究活动、档案业务活动、档案教育活动。

档案学术共同体是我国档案学领域的重要组成部分，在完善我国档案学理论与实践过程中发挥重要的作用。当前，档案学术共同体主要进行着档案研究活动、档案业务活动和档案教育活动，并试图通过进行这三项活动达到探求档案学术真理、推动档案业务实践以及培养档案专业人才的目标，其最终的目的是推动整个档案事业的发展。

1. 档案学术真理探究活动

档案研究活动（或称档案科学技术研究活动、档案学术研究活动）是人们对档案工作实践的科学认识活动。它以档案、档案工作甚至档案学本身（档案学本体论）为研究对象，探求档案工作的客观过程及活动规律。档案学研究活动主要包括档案基础理论研究与档案应用理论研究两个方面的内容。档案基础理论研究主要是围绕档案与档案现象、档案管理、档案管理体制、学科建设与发展问题展开研究；档案学应用理论研究是指从档案工作实践中遇到的具体问题出发，在档案基础理论的指导下所进行的研究。

档案学术共同体无论进行档案学基础理论研究还是档案学应用理论研究，都是为了解决档案学发展中所遇到的问题、探索档案学的内在发展规律、指导档案工作的具体实践，其最终目的是探索档案学术真理。档案学术研究主要通过申报各级项目、撰写学术论文、撰写研究报告、进行学术交流等形式来实现。

2. 档案工作业务实践活动

档案业务活动是指档案学术共同体在档案部门所进行的对档案的收集、整理、鉴定、提供利用等一系列活动以及制定档案规章制度、开展档案业务交流等事务，其目的是推动档案工作实践的发展。

档案学理论来源于档案工作实践并指导档案工作，档案工作实践发生改变与之相应的档案理论也需要及时调整。档案学术共同体在进行档案业务活动过程中会就实际问题提出解决方案，总结实践经验并通过反复验证上升到理论层次，使之具有普遍性意义，进而推动整个档案工作实践的发展。

3. 档案专业人才培养活动

档案教育活动是档案学术共同体将档案学思想、档案管理技能、档案知识以教学的形式进行介绍和传播，以培养高水平的档案学研究者以及高业务能力的档案工作者、档案工作管理者为目的。

档案学教育的出现为我国档案学术研究提供了人才培养与输入的途径，通过对欧美国家档案经验与当时档案管理实践活动的传授，使我国档案学术研究主体首次以独立的身份登上了学术研究的舞台，他们能够独立地解释和研究档案现象，通过公布学术成果，出版学术读物的形式完成了我国早期档案学理论体系的创建。

## 二、档案学共同体的形成条件与形态

档案学共同体是档案学术研究活动的主体和主要承担者，也是档案学术研究的重要范畴。

### （一）档案学共同体的形成条件

中国档案学共同体指在中国档案学的范围内，具有共同的学术研究目标和学术研究承诺、较高的学术研究素质和学术研究成就、较强学术自律性并能够进行充分学术交流的档案学学术研究群体。对中国档案学共同体的研究要从其群体结构入手，在对其基本情况充分了解的基础上，通过分层结构的考察深入其内部，实现从外到内的过渡，并为其内部运行机制的探索奠定基础。

中国档案学共同体形成的基本条件主要有以下两点：①职业化，在相关的高校、研究院所、国家相应的学术研究机构中有较为稳定的职业岗位，并专门从事档案学教学和学术研究的人员；②正式学术交流系统的出现，即由档案学术期刊、档案学书籍（包括档案学教材）、正式的档案学术会议等组成的学术交流网络的形成。

## （二）档案学学术共同体的形态

档案学学术共同体的形态包括：自然形态、社会形态和道德形态。

第一，学术共同体的自然形态。学术共同体的自然形态是建立在自然生态的形态学概念基础之上，具有自然形态的道德意义，是从档案学本身的自然属性的环境伦理和生态哲学角度研究的。该观点的问题可以直接建立在纯粹的人性基础上探讨"学术共同体"的形态和伦理意义。

第二，学术共同体的社会形态。学术共同体的社会形态是研究群体人际关系意义上的社会形态，他们的行为更加注重研究对象对社会的积极作用，最终目标是通过对档案资料的研究，探索其中的规律、学科的发展、行业的进步，如何利用档案资料为人类社会的进步作出贡献；探索档案学研究的资源分配，档案资料的保存和技术处理等社会现实需求层面上的问题。档案学的学术共同体的伦理问题就是一种功利形态的伦理思考。这种形态的研究具有很强的目的性、现实性和体系性。该形态克服了自然状态自发、盲目的因素，完全处于社会某一利益集团的需求和大众的渴望之中，是一种更高一阶段的形态。

第三，学术共同体的道德形态。学术共同体的道德形态是人类精神伦理追求的一种模式，学术共同体的本质是探索档案资料研究的文化意义，或者是人类精神的意义，将档案资料记录的社会现象和反映的文化特征抽象成人的道德上的精神追求，这种道德形态有一种潜移默化的功效，是一种无形的力量，在社会发展中能发挥更大的社会功效，这种形态的学术共同体的作用具有极强的社会示范效应，拥有道德标准的参照是"隐性形态的学术共同体"。

中国档案学学术共同体虽只是中国档案学共同体的低级形态，但是作为开展档案学学术研究、推动档案学发展的主导力量，其内在作用机制的运行和作用功能的发挥与科学共同体在本质上是相通的。

## （三）中国档案学共同体的运行机制

中国档案学共同体的运行是多种因素综合作用的结果。对于中国档案学共同体而言，学术承认是个体成员在共同体内部乃至整个中国档案学学术体系中最有价值的资源，这种资源主要以无形的形态存在，但是其却决定着个体成员在共同体以及学术体系中的权利、地位、等级等，并进而会影响到其档案学术资源的占有和利用——无论是有形资源还是无形资源，而中国档案学共同体的具体运行——学术交流、学术奖励等正是由此而展开的。

学术承认是中国档案学共同体运行规则的源头和动力机制的源泉。同时，科学承认也是被众多科学社会学家视作科学共同体内部运作的核心而开展广泛、持续研究的一个主题。因此，学术承认是中国档案学共同体运行机制的核心。中国档案学共同体的学术承认是指其他中国档案学共同体成员对某一个体成员的学术贡献在公正评价基础上的认可和应用。学术承认的基本实现途径有三：发表和出版、获奖、被引用。中国档案学共同体个体成员的学术承认度可通过其研究成果的数量、被引率的高低、获得奖励的数量等进行度量。

从主体的角度看，在中国档案学共同体的现实运行中关涉到三种权利：一是作为个体的档案学者的自主权利，二是作为整体的中国档案学共同体的集体权利，三是影响中国档案学共同体现实运行的外部权利。自主权利、集体权利、外部权利因其相对的独立性而拥有自身的张力，但是在现实运行中却又相互影响，甚至互相冲突。因此，中国档案学共同体就是在这三种主要权利因素不断博弈中发展的矛盾体。

自主权利旨在强调档案学者在学术研究活动中拥有不受外部因素干预的自由和能力，从事学术活动的个人动机是影响中国档案学共同体个体成员自主权利的首要和关键因素；中国档案学共同体的集体权利就主要表现为同行认可，而同行认可的根源来自学术承认，集体权利主要表现为对个体成员的内在约束；外部权利主要体现为行政权力，对于中国档案学共同体来说，外部权利的影响几乎无处不在。

# 第四节　档案学学科体系

学科体系是否完整与严密，这是衡量学科发展程度的重要标志。档案学体系[①]，是指档案学内部分支学科构成的有机整体，它的实质是档案学的内部结构，而中心问题是档案学内部各学科分支的划分和归属。档案学的学科体系可分成档案学基础理论研究、档案史学研究、档案学应用理论研究、档案应用技术研究、档案学与其他学科之间的交叉与边缘性研究五个部类。

## 一、档案学学科体系的构建原则

档案学的学科体系，同其他学科一样，应该是建立在明确的研究对象和研究内容之上的高度抽象，具有独立学科的完整性、统一性和严密性。因为档案学既然作为一门科学而存在，就应当是理论形态的完整知识体系。

在明确档案学体系内涵的基础上，在具体构建档案学学科体系时必须遵循一定的原则。

---

① 档案的三大体系包括：档案资源体系、档案利用体系、档案安全体系。

第一，系统整体的原则。档案学学科体系是一个理论知识体系和分支学科体系层次结构分明、具有内在逻辑联系的有机整体。因此，在构建档案学学科体系时，必须注意概括提炼的层次清晰，避免重复交叉。

第二，科学简明的原则。档案学学科体系的构建是一项科学性活动，必须用科学的方法和态度进行研究，同其所同，异其所异，化繁为简，构建一个严谨的、简明清晰的学科体系。

第三，稳定合理的原则。稳定合理是相对的，但又是必要的。档案学学科体系尽管会随着档案事业的实践和档案学学科自身的发展会不断充实和完善，但在档案学学科体系的顶层设计时要具有一定的稳定性；否则，当着新的理论知识单元和新的分支学科的产生就会导致对原有模式的冲击，甚至需要重新设计模式。

第四，动态开放的原则。在确保整体模式设计科学合理、相对稳定的基础上，档案学学科体系应具有一定的动态开放性，使档案学学科体系模式具有相对扩充包容的功能，即在新的知识单元、新的分支学科产生之时，都能容纳在原有模式之中。

## 二、档案学的学科结构体系

档案学的学科结构体系，既要考虑现有的分支学科的真实状况，也要考虑未来分支学科的发展趋势，目前可由理论档案学、应用档案学、技术档案学、历史档案学四大部分构成。

第一，理论档案学。它属于基础理论层次，是在较高层次上揭示档案现象及其本质和规律。它是档案学结构体系中抽象性、普遍性（即理论性）较强的一类学科，也是档案学学科体系中的主导学科。它是各分支学科的发展基础，而各分支学科的发展又反过来推动它的发展。其分支大体有：①档案学基础理论（档案学概论或档案学导论）；②档案术语学；③档案法规学；④比较档案学等。

第二，应用档案学。它属于实际应用层次，是在基础理论指导下，对各类档案信息资源的管理、开发、利用工作的理论概括，其中相当一部分是实践经验的积淀和结晶。它是档案学结构体系中针对性和实践性较强的若干分支学科，也是档案学所有学科中内容最丰富、最实用的一类学科。其分支大体有：①档案管理学，包括文书档案管理学、科技档案管理学（包含水文档案管理学、气象档案管理学、地震档案管理学等）、专门档案管理学（包含人事档案管理学、财会档案管理学、诉讼档案管理学、外交档案管理学、公安档案管理学、军事档案管理学等）、特殊载体档案管理学（包含声像档案管理学、电子文件/档案管理学）；②档案文献编纂学，包括普通档案文献编纂学、科技档案文献编纂学等。

第三，技术档案学。它属于应用基础层次，是研究各类档案通用性技术的理论。它是档案学结构体系中工具性、技能性较强的一类学科。其分支大体有：①档案保护技术学；②档案缩微复制技术学；③档案计算机管理技术学。

第四，历史档案学。建立、发展任何一门学科，仅从理论概括的角度进行探讨是不够的，它还要求从历史发展的角度寻源溯流。它是档案学的结构体系中资料性和规律性较强的一类学科。其分支大体有：①档案学史，包括中国档案学史、外国档案学史；②档案事业发展史，包括中国档案事业史、外国档案事业史。

档案学的学科结构体系由以上四大部分构成，每一部分又可包含若干层次的若干分支学科。随着档案工作实践的日益丰富，不断形成新的分支学科，都能在此结构体系中找到自己的"位置"，如在档案保护技术学上，随着保护技术工作实践的发展，还可建立档案馆建筑学、档案害虫防治学、档案修复技术学等，结构体系这种良好的扩展性，有利于档案学在广度和深度上开拓、发展。

## 三、中国特色档案学话语体系

中国特色档案学是哲学社会科学体系中的重要代表学科，树立档案学科自信，以提升中国档案学在国际档案话语体系中的话语权为导向，加快构建档案学派和打造新时代档案学派的倡议，继而形成体现中国立场和兼顾国际表达的档案学术话语体系。中国特色档案学话语体系是指围绕档案学所形成的能够解释档案现象和档案规律，体现中国道路、理论、制度、文化，并囊括中国档案学思想体系、知识体系、理论体系、方法体系、学科体系、学术体系的一套档案学话语及表达系统。

构建中国特色档案学话语体系，意味着中国档案学界要从更为理性的视角出发，自觉和自主地密切关注和科学审视中外档案学话语生态、话语内容、话语结构、话语表达、话语实践、话语差异，比较和反思中国档案学话语的形成、变化和发展在规律及其特点的基础上坚持"以我为主"，聚焦中国特色、中国风格、中国气派，增强话语自信，推动话语传播，走向话语自强，最终实现话语影响力的提升。这个过程及其结果不仅对加快实现中国特色哲学社会科学战略任务具有促进作用，而且对更好地向世界展示中国特色档案学思想和中国档案事业发展道路模式，以及推动中国档案学自主的知识体系构建具有重要意义。

### （一）中国特色档案学话语体系构建的时代使命

中国特色档案学话语体系的构建，需要肩负起哲学社会科学话语体系建设赋予的重大使命，为时代画像、为时代立传、为时代明德，用中国特色档案学话语体系讲好中国档案事业发展的道路与模式，讲好中国档案学建设和发展的思想理论与知识体系。

1. 阐释中国档案事业的发展道路与模式

从中国档案学话语体系的演进轨迹来看，中国特色档案学话语体系形成于和服务于中国档案事业建设与发展，是其具有鲜活生命力和强大解释力的重要体现和根本保证。构建中国特色档案学话语体系就是要用简明生动的话语深刻总结和阐释中国档案事业发展的历史、理念、道路、模式，向国内外深刻展现中国档案事业的强大生命力和对世界档案事业的重要贡献。中华人民共和国成立以来，中国档案事业在探索发展中形成了具有中国特色的发展道路。

中国档案事业发展的基本认识是在日积月累中形成的，是推动中国档案事业从小到大和从弱到强的关键，迫切需要运用中国档案话语加强对其进一步阐释，展示中国档案事业为保护人类文化遗产、守护中华文明、保存社会记忆的积极贡献，讲好中国档案事业发展的故事，发挥中国档案事业发展道路与模式在国际档案事业的示范性、引领性效应。

2. 推进中国档案学话语的大众传播

话语是增强理解与认同的基本工具和社会载体，构建中国特色档案学话语体系，不仅要实现该话语在学术领域的精进，而且要推动该话语面向大众的传播，继而形成社会共识和认识基础，实现档案学话语对理性与感性的兼顾，这是确保处于不断发展之中的中国档案学话语体系具有普适性、解释力、生命力、影响力的关键。事实上，纵观我国哲学社会科学的发展历史，任何一门学科话语体系的形成与发展都离不开大众传播的助力。中国特色档案学是一门兼具理论性与应用性的学科，主要依托中国档案实践实现自我建设与发展，其话语不仅包括官方话语、学术话语，而且包括大众话语和网络话语，这就决定了中国档案学话语构建必须扎根实践和服务实践，并积极宣传，推进大众传播，获得社会的认同和档案实践的检验。尤其是随着互联网的普及和社交媒体发展，不仅话语空间渐次向多维度延展，而且话语主体也从单一话语主体拓展为学术话语主体、大众话语主体、网络话语主体共同参与的多元主体。由此可见，推进话语大众传播亦是中国特色档案学话语体系构建的重要任务，不仅能够有效吸纳大众话语，而且能够突出中国特色档案学话语传播内容的通俗性以及贴近性，为话语权的扩大积累社会思想与认识基础。

3. 强化中国档案学话语的国际传播

推进档案学话语的国际传播是构建中国档案学话语体系的重要任务，更是提升中国档案学国际影响力的必然选择。中国特色档案学话语体系的构建需要关注国际档案学话语体系中信息流动的"逆差"，借助国际学术交流平台和网络媒介，充分表达和反映中国特色档案学的发展和中国档案事业的伟大实践，提出具有主体性、原创性的观点，构建具有自身特质的话语体系，形成自己的特色和优势，发出中国声音。

4. 提升中国档案学话语的创新能力

话语是理论和知识的语词表达，学术话语创新作为科研创新能力的重要体现，是提高哲学社会科学学术原创能力，增强哲学社会科学核心竞争力和国际影响力，提升国家软实力的战略需要，是新时代加快繁荣哲学社会科学面临的重大任务。中国特色档案学话语体系构建同样面临着这样的任务。

新时代呼唤能够体现兼顾中国"硬实力"和"软实力"的话语体系，作为一门成熟的学科，档案学必须构建起与时代发展相适应的、成体系的新的学科理论和概念，这在客观上要求中国特色档案学话语体系必须提升创新能力，即既要加强对既往中国档案实践经验的抽象概括，又要加强对现有档案现象的观察与总结，同时加强对未来档案事业发展趋势的分析和预测，使其更好地反映、表达当代中国的档案学发展和档案工作变革，并将其作为一种对象性的存在表达出来，提出具有主体性、原创性的理论观点，继而形成一系列具有专业性、系统性的档案术语、概念、范畴、命题来揭示客观档案与档案现象的本质和规律，并为学界所接受、为人们所知晓。

5.构建融通中外开放自信的档案学话语体系

中国特色档案学话语体系构建是一种有意识、有目的的主观行为，从其基本意图及影响范围来看，唯有真正实现融通中外和具备开放自信能力的档案学话语体系，才能真正保持未来中国特色档案学在国际舞台持久的影响力。

构建中国特色档案学话语体系，是在坚定中国档案学科自信和学术自信的前提下，适当兼顾和合理吸收中外档案学知识体系，建立既能够充分体现中国档案学特点，又能够在一定程度上有效覆盖和描绘国外档案学发展的表达系统。虽然中国特色档案学话语体系自主构建具有一定的主观色彩，档案学话语构建是依据档案学科建设和档案事业发展经验进行的总结、归纳、概括与抽象，因此具有其科学性和适应性。

基于此，中国特色档案学话语体系构建要发挥影响力，就需要处理好中国档案学和外国档案学两种表达系统的关系，要协调好中外档案学话语因为其文化背景、意识形态、档案学研究和档案工作实践等差异造成的对内的"向心力"与对外的"离心力"，以开放包容的姿态兼收并蓄，积极关注和研究反映中外档案学话语的共同点与利益交汇点，使中外档案学话语体系更好地相融相通，努力使中国特色档案学话语体系成为中国影响国际档案界和国际档案界观察和解码中国档案事业的"钥匙"。

## （二）中国特色档案学话语体系构建的实现路径

时代是思想之母，实践是理论之源。中国特色档案学话语体系构建迫切需要以中国为观照、以时代为观照，立足中国实际，解决中国问题，围绕话语体系构建的直接相关要素，从大处布局、从小处着手、从外围发力、从内部优化，不断丰富、充实中国特色档案学话语体系内容，提升中国特色档案学话语体系构建能力，扩大中国特色档案学话语体系影响。

1.强化学科体系和学术体系的支撑

构建中国特色档案学话语体系迫切需要以学科体系和学术体系作为支撑，进一步强化学科体系，优化学科结构，为档案学话语体系的形成与发展夯实根基。要立足档案学学科发展的内在规律和数字环境下档案学科建设的现实需求，打造包括主干学科、分支学科、优势学科、交叉学科、新兴学科等相互补充、相互依托、相互支撑的档案学学科框架，并在此基础上形成能够充分体现中国传统、中国历史、中国文化、中国实践、中国智慧的档案学话语表达方式。

进一步优化学术体系，规范研究体系，为档案学话语体系的丰富提供动力和源泉。档案学学术体系对学科体系、话语体系具有承上启下的作用，需要以档案和档案现象为研究对象，建立起能够融通中外的档案学研究方法和基础理论，提出能够观照中国、观照时代的档案学思想和理论，建立起能够体现中华优秀传统文化的档案学思想体系，围绕档案实践提出彰显中国之路、中国之治、中国治理的原创性方法、思想、知识、理论、模式，确保档案学话语构建之路行稳致远。

2. 立足中国实际打造中国档案学派

构建中国特色档案学话语体系，应立足中国实际，打造中国档案学派，充分发挥档案学派对于档案学话语构建的促进作用。打造中国档案学派，推动话语体系构建与创新，必须发挥高校作为构建中国特色哲学社会科学方面生力军的巨大优势，以研究中国问题为出发点，结合中国档案实践现状与中国档案学发展诉求，团结和形成一批方向明、主义真、学问高、德行正，自觉以回答中国之问、世界之问、人民之问、时代之问为学术己任的档案学研究队伍，潜心进行理论体系和研究内容的拓展，解决档案实践的痛点、难点与盲点，构建充分体现中国特色，具有时代性与原创性、继承性与民族性、系统性与专业性的档案学理论和思想，推动档案学知识的交叉与融合、继承与发展。

3. 扎根中国大地建构自主知识体系

中国档案学拥有世界上任何国家都无法与之比较的厚重文化与历史优势，坚定档案学话语体系构建的自觉和自信，加强档案学溯源研究扎根中国大地构建中国档案理论。即要以中国实际和需要为首要考量，开展中国特色社会主义建设所需要的档案学理论研究，发挥中国学者在解读中国档案实践、构建中国档案理论上的主场发言权优势，形成自己的思想体系和理论体系。

立足丰富鲜活的中国档案实践贡献中国知识，只有适应档案事业建设实践的需要而不断创造性地发展的理论才是有生命力的，为此，需要围绕文化自信、数字转型、学科交叉等，提出有可能成为理论创新、思想创新、方法创新、知识创新的元问题或理论观点，并给出中国方案、贡献中国智慧。

4. 以时代为观照融通中外话语表达

话语体系构建的根本意义之一在于如何进行话语表达，构建中国特色档案学话语体系的目的，既出自中国的内生需要，也源于世界的外在关注；不仅要服务于中国档案研究与实践，而且要服务于国际社会档案理论研究和档案事业发展。从中国档案学话语的叙事逻辑层面来看，要从构建人类命运共同体出发，从档案事业发展的规律出发，从国际档案界面对的共同难题出发，凝练融通中外的档案学概念和表述，努力构建具有共同价值基础和能被广泛接受的叙事逻辑。

从中国档案学话语的叙事文本层面来看，要把中国放进世界格局中审视、研究、解读，厚植档案学术话语的理论根基，系统梳理具有中国特色和世界意义的档案学优秀学术成果与理论贡献，呈现中国档案学的文化与历史基因，阐释中国档案学对于国际档案社会的原创性贡献，并组织专业力量将其翻译成不同语言的版本加以推广，让全世界都能接触到。总之，要善于根据档案话语表达的社会背景、国际惯例、目标受众、地域和场景，选择适当的语言策略，向国际社会传播中国档案好声音。

# 第二章　档案工作的性质与流程

## 第一节　档案工作的性质与原则

### 一、档案工作的性质

档案工作属于一种科学的管理性工作，又以专门的工作内容及特点区别于其他管理工作。"档案工作是一项非常重要的工作，全面提高档案工作质量和服务水平是必须面对的时代课题。"[①]档案工作的性质如下：

第一，档案工作是维护党和国家历史真实面貌的一项重大事业。在阶级社会里，档案主要产生于一定阶级的政党、国家机关和社会团体，历史怎样发展，档案就怎样记录，因此它成为查考、研究、处理问题的真凭实据。从一定意义上说，档案工作就是保存历史记录、维护历史面貌的工作。

第二，档案工作的服务方向是档案工作政治性的集中表现。档案工作从来都是为一定阶级所掌握，为一定的社会制度和一定阶级的路线、方针、政策服务。在社会主义社会中，档案工作应始终坚持为社会主义建设服务的方向，当前为建设有中国特色的社会主义服务，是我国档案工作政治性的集中表现。

第三，档案工作的机要性是其政治性的表现之一。档案工作是一项具有机要性质的工作。档案工作的机要性是由档案本身的特点以及国家的利益所决定的。党和国家机关的档案，记录了党、政、军领导机关和领导人的重大活动以及政治、经济、科学、文化等方面的活动，其中不少属于机密的。我们必须提高警惕，严守党和国家机密，这是档案工作者的职责。

以上就整个档案工作的性质进行了论述。档案室工作、档案馆工作、档案事业管理工作等都是整个档案工作的组成部分。虽然它们各有不同的性质和特点，但其基本性质是共同的。所以，档案工作的基本性质应该是管理性、服务性、政治性。

---

① 迟文英，马彦祺.强化"四种意识"着力提升新时代档案工作服务效能[J].办公室业务，2022，（24）：133-134.

## 二、档案工作的原则

### （一）统一领导、分级管理档案工作原则

统一领导、分级管理是档案工作的组织原则和管理体制，它是我国档案工作多年来行之有效的"集中统一管理"原则的继续和发展。其主要内容可概括为如下四个方面：

第一，统一领导，统一管理。

现代国家规模的档案工作，需要强化政府对档案工作的统一领导，许多重要的档案工作法规要由政府来颁布和组织实施。为了统一领导和统一管理全国的档案工作，从中央到地方都设立了相应的档案行政管理部门和各级档案管理机构。它们既是党的机构，又是政府机构。各级人民政府均应把档案事业建设纳入国民经济和社会发展计划。各级档案行政管理部门必须在各级党和政府的领导下进行工作，按照党和国家的有关法规主管档案事业。一切机关、团体、企事业单位以及其他组织和个人，在处理档案事务时，也必须按照党和政府的有关法规办事，不得各自为政。

第二，国家全部档案分别由各级档案保管机构集中管理。

各机关、团体、企业、事业单位形成的档案，均先由各单位的档案室集中管理，不得由承办单位或个人分散保存；各单位形成的需要长久保存的档案以及建国前的历史档案，均由各级、各类档案馆保存；一切档案非依规定和批准手续，不得随意转移、分散或销毁。

第三，全国档案工作由各级档案事业管理机构统一、分级、分专业进行管理。

所谓统一管理，就是在全国范围内实行统一的业务指导和监督。全国档案事业由国家档案局掌管，它根据党中央和国务院的指示和决定，对国家档案工作实行全面规划和统筹安排，制定统一的档案法规和业务标准，提出统一的方针、政策，实行统一的指导、监督和检查。

所谓分级管理，是指全国档案工作由各级档案事业管理机关分层负责地进行管理。各地方档案事业管理机关可以按照国家有关档案工作统一的规定和要求，结合本地区情况，制定本地区档案工作的规则、制度和办法，指导监督和检查本地区的档案工作。

所谓分专业管理，是指中央和地方专业主管机关根据本专业的管理体制，可按照国家关于档案工作统一的规定和要求，结合本专业情况，制订本专业的档案工作规划、制度和办法，指导、监督和检查本系统各单位的档案工作。

第四，实行党政档案和党政档案工作的统一管理。

我国在1959年以前，党和政府的档案和档案工作是分别管理的。1959年1月以后，根据党中央关于统一管理党、政档案工作的指示，在全国范围内实行党政档案和党政档案工作的统一管理。其内容是：一个机关的党、政、工、团的档案，由机关档案室集中管

理；各级党、政机关形成的具有长远保存价值的档案，由中央档案馆和地方综合档案馆集中管理；党的系统、政府系统的档案工作，由档案事业管理机关统一进行指导、监督和检查。这是我国档案工作管理体制的显著特点之一。

## （二）维护档案的完整与安全原则

维护档案的完整与安全是档案管理的基本要求，是各级档案部门的首要任务。只有维护档案的完整与安全，才能为档案工作提供必要的物质条件。

第一，维护档案的完整。档案的完整有两个方面的含义：一方面，从数量上要保证有价值的档案齐全完整，保证应该集中和实际保存的档案不致残缺短少；另一方面，从质量上，即从系统性方面，要维护档案的有机联系和历史真迹，不能割裂分散或者零乱堆砌，更不能篡改、剪裁，使档案失真。维护档案数量上的完整与质量上的完整是互相联系、互相作用的，是辩证的统一。只有档案数量齐全，才能保证档案系统完整；只有切实地维护档案的系统性，才能为检查和实现档案数量的齐全提供科学根据，从而维护档案数量完整。

第二，维护档案的安全。档案的安全也有两个方面的含义：一方面，要保证档案管理的物质安全，力求档案本身不受损坏，尽量延长档案的寿命；另一方面，要保证档案管理的政治安全，保护档案，使档案免遭人为的破坏，档案机密不被盗窃、不失密。

维护档案的完整与安全是互相联系的统一要求。只有维护档案的完整，才能有效地保证档案的安全；同时，只有维护档案的安全，才能保证档案的完整。档案的散乱和丢失，会造成档案的损坏和政治上的不安全；档案遭受损失和破坏，会影响档案的完整。

## （三）便于社会各方面对档案的利用原则

便于社会各方面对档案的利用，是档案工作的根本目的，也是检验档案工作的主要标准。档案工作的全部管理活动的最终目的，表现在提供档案信息为社会各项工作所利用。因此，便于社会各方面对档案的利用是整个档案工作的基本出发点，支配着档案工作的全过程，表现为档案工作的归宿。这个思想必须贯穿于档案工作各个方面和档案管理的各项业务工作中。档案工作规章制度的建立，各项工作的开展，都是为了实现这一目的。整个档案工作的好坏，也主要应从是否便于利用来检验和衡量。

总之，我国档案工作的基本原则是辩证统一的有机整体，具有丰富的思想内容。它作为档案工作最基本的原则，影响和决定着档案工作各个环节的一切具体原则和方法。在档案工作中，只有始终遵循这个基本原则，才能使档案工作健康地发展。

# 第二节　收集与整理工作

## 一、档案收集工作

　　档案收集，是档案馆（室）取得和积累档案及有关资料的一项工作，是档案管理工作的重要环节，是档案室工作的起点，其手段主要有接收、征集和寄存三种形式。它既为档案整理提供物质基础，又是开展档案利用的前提。档案工作的对象是档案，做好档案的收集工作，是进行档案工作整体建设的起点和保证。

### （一）档案收集工作的意义

　　档案收集工作是整个档案工作中极为重要的一个环节，是档案馆（室）的一项重要的基础性工作。做好档案馆（室）收集工作，对加强国家档案资源建设、丰富馆藏、优化结构，建立健全管理体系，提高档案馆（室）服务水平，有着重要意义。

　　第一，档案收集工作是档案工作的前提条件。收集是档案馆（室）取得档案的一种手段。档案收集工作是档案工作的起点，为档案工作提供物质条件。

　　第二，收集工作是维护国家历史真实面貌的必要手段。档案馆（室）的收藏是一定地区、部门在经济、科学和文化教育等方面情况的综合反映。收集工作使得档案齐全完整、内容丰富，应该补充进馆的档案及时接收进馆，并把散存在机关、组织、个人手中以及散失在各地的档案材料收集补充到档案馆（室）。档案是维护历史真实面貌的重要凭证，是贯彻执行党的路线、方针、政策的重要工具，因而收集工作的作用是十分明显的。

　　第三，收集工作为开展档案馆（室）各项工作，加强档案馆（室）建设奠定物质基础。只有做好收集工作，才能使馆（室）藏丰富、材料齐全，为档案馆（室）各项业务建设，为提高档案工作科学水平提供必要的物质条件。

　　第四，收集工作促进档案学理论发展，推动档案工作现代化的实现。档案馆（室）作为党和国家保存档案的重要基地，也是发展档案学理论的重要源泉。馆（室）藏越丰富，各项工作实践也就越丰富多彩，必然提出许多新问题、新要求，提供很多新情况，为档案学理论的发展打下坚实的基础，推动档案学理论的发展。

### （二）档案收集工作的要求

#### 1.加强档案调查与指导

　　档案馆（室）必须注意调查研究，掌握本单位文件的形成规律和特点，制定归档制度，明确接收档案的范围、时间、数量与质量要求。档案馆（室）应从本馆（室）的性质与职责出发，对有关国家机构、社会组织和个人的职能、地位、任务及形成档案的种类、内容、保存价值、数量、整理和保管等情况，进行调查研究，确定应移交档案的范围、时间、数量、质量要求和手续。在接收前，档案馆（室）应加强对有关部门的档案工作进行指导，以保证所收集的档案的质量与价值。

2. 积极推行档案标准化

积极推行入馆（室）档案的标准化要求在收集档案时控制好档案的质量。凡是反映本机关主要职能活动，具有保存价值的各种门类、各种载体的档案，均应收集齐全、完整；进馆档案必须以全宗为单位进行整理；进馆档案必须是经过鉴定，保管期限必须准确无误；档案整理（分类、组卷、排列、编号、编目、装订等）规范；所采用的档案包装材料必须符合国家的相关要求，所编制的检索工具应符合档案工作要求，在利用档案时能做到有目可查；归档材料中有电子文件的，应当与相对应的纸质文件一并存档；属于非光盘形式的电子文件，应当转换成光盘储存形式的电子文件。档案工作的标准化，应该在收集时就着手推行。

3. 高质量的馆藏

高质量的馆（室）藏要求在收集档案时，做到：门类齐全、数量充分、结构合理、质量优化。

（1）门类齐全。门类齐全是指档案保管机构应收集各种门类的档案。在收集中不仅要收集文书档案，也要收集科技、专门档案；不仅要收集纸张载体的档案，还要收集声像、照片、电子等各种载体形态的档案。否则，档案保管机构所保管的档案就会因门类或载体的单一而缺乏吸引力。

（2）数量充分。数量充分是要求各级各类档案保管机构尽量补充档案数量。

（3）结构合理。结构合理是指档案保管机构所收藏的档案在来源、内容等方面，应该是合理布局的。档案馆（室）中的档案既要有一般性的材料，也要有各具特色的材料；既要有领导机关的材料，也要有基层单位的材料；既要有宏观材料，又要有微观材料。在收集时，既要收集档案，又要收集如报刊、地方志、传记、年鉴、回忆录、文件汇编、成果汇编及其他资料。

（4）质量优化。质量优化是指所收藏的档案要达到一定的质量标准，具体包括两个方面：①档案本身的内在质量（完整性、准确性、规范性）和外在质量（档案载体及书写、印制材料应符合长期安全保管的要求）；②档案整理的质量。档案馆（室）必须保证所收集的档案在将来有人使用，必须在增加数量的同时，按国家的相关标准进行收集。

### （三）档案收集工作的内容

档案收集工作的内容主要包括三个方面：

第一，档案室对本机关内部各部门需要归档档案的接收工作。机关各部门办理完毕的文件是档案室档案的主要来源，建立健全机关内文件材料的归档工作制度是机关档案部门开展档案收集工作的主要途径。

第二，各级国家综合档案馆对各现行机关和撤销机关具有长久保存价值的档案的集中和接收工作。接收现行机关和撤销机关的档案，特别是接收现行机关的档案，是各级国家综合档案馆收集工作的经常性任务。

第三，对历史档案的接收和征集工作。历史档案是指中华人民共和国成立前，各机关、团体、企业、事业单位以及著名人物在社会活动中形成的档案，包括革命历史档案、民国档案和历代王朝的档案。接收、征集历史档案是档案馆丰富馆藏的重要手段。

### （四）档案收集工作的方式

档案馆（室）档案收集的方式主要有两种：①逐年接收。逐年接收即每年接收一次档案。②定期接收。定期接收就是每隔一定时期（如：3年、5年）接收一次。但是，档案馆（室）对科技档案的收集方式有所不同，实行以下两种方式：

第一，相关单位主送制。对于普通文书档案而言，应按要求将其中具有永久和长期保存价值的所有档案都移交进馆。科技档案则不采取这种普遍接收进馆的制度，而是实行相关单位主送制，即对不同种类及不同项目的科技档案，按照国家有关规定，分别确定报送单位，主送单位报送档案中的不足部分由其他有关单位补充移交。

第二，科技档案补送制。建立补送制是为了及时反映进馆档案所涉及的科技、生产项目的发展、变化情况，保持馆藏科技档案的完整性和准确性。例如，进馆档案所反映的基建项目进行重大改建、扩建，产品改型、换代等，在这些情况下，原移交单位要向档案馆（室）补送相关的科技档案。

## 二、档案整理工作

档案整理是以全宗、分类、组卷、排列等形式揭示档案系统整理的过程，并以系统整理、技术处理等形式作为档案系统整理的保证，进行基本的分类、组合、排列、编目等方式组成的有序整体的工作过程。档案整理是档案形成的重要环节，是贯穿于整个档案工作的重中之重。正确认识和了解档案整理工作方法，有助于提高档案管理水平，保证归档的材料能够安全、高效、便捷地发挥档案的价值。除了按照国家对档案整理工作的要求外，还须从档案发展的特点出发，规范档案整理的方法，使档案整理工作符合自身发展的规律，适应科学技术发展对档案整理的要求。

## （一）档案整理工作的意义

第一，奠定档案工作的基础。只有进行科学的整理，才便于档案的鉴定、保管、统计和利用等基础环节的建设。只有经过科学的整理，才能有机地保持文件之间的历史联系，系统地反映工作活动面貌，使档案有目可查、有规可循，便于档案提供利用。

第二，检验收集工作的质量。档案整理工作可以促进收集工作的进一步提高在档案整理工作中，可以发现有关文件材料数量是否存在短缺，有关部门的文件材料质量是否有所提高，有关形式的文件材料是否齐全完整等。通过整理，能够反映出收集工作的薄弱环节，使收集工作得到及时补充和纠正，在以后的收集过程中更有针对性，使档案收集工作的质量更上一层楼。

## （二）档案整理工作的标准化要求

档案整理工作的标准化，有利于更好地管理已经归档立卷的材料。档案整理的分类要考虑到实体分类和检索分类的区别和联系。

### 1. 实体分类

实体是指活动中形成的具有保存价值的各种文字、图表、声像等不同形式的历史记录体。分类时要求从总分到细分的过程，尽量去取它的最大类；它共同点的值越大就容易形成从属关系。

实体分类一般采用阶梯式的分类整理方法，每一类赋予相应的内容和范围。实体分类一般分到三级为好，由于各单位生产程序的不均衡性，产生内容也会参差不齐；过细会造成小类无内容列，或者材料不多时也会造成组卷（件）时立卷上的困难。

### 2. 检索分类

检索分类则可以相对细些，可以依据收藏的内容确定下分到四、五级。检索分类则可以采用垂直分类式，即按同一种类别进行划分。

总之，分类时一定要处理好两者的关系，真正把实体分类分到实处，解决档案的立卷、归档、编目和排架、保管。其实实体分类是检索分类的前提条件，也是计算机信息化处理的基础。

## （三）档案整理工作的流程

以文件级的整理流程为例，文件级档案整理应当遵循文件材料的形成规律，保持文件材料之间的有机联系，区分不同价值，便于保管和利用，逐步推进卷件融合管理。

### 1. 组件——"件"的确定

"件"，就是归档文件的整理单位，一般以每份文件为一件。作为整理的基本单位，需要将两份或多份文件合为一件，体现出灵活性。同时，在实际操作过程中应注意结合对接单位或机构的具体类型划分方案与要求，进行适当调整。

2. 修整

整理归档文件所使用的书写材料、纸张、装订材料等应符合档案保护要求。对不符合要求的文件材料需要进行修整。文件的修整、复制要在保持原貌的前提下进行。须保管30年及以上的文件要进行修整，保管10年的文件保持原状即可，以减少不必要的劳动。

文件修整的内容包括以下方面：

（1）修裱：对已破损的文件应按照现行标准予以修复，进行修补或托裱。

（2）复制：对字迹模糊或易褪色的文件应当进行复制。

（3）去除易锈金属物：最主要的工作是除去普通的订书钉、回形针、大头针等，防止时间长了生锈。

（4）大纸张折叠：归档文件盒尺寸是按照 A4 规格设计的，所以大纸张要进行折叠后才能装入。折叠时应尽量减少折数，文件页数多的要单张折叠。

（5）小纸张规整：如果文件材料的纸张较小或较脆弱，需要用胶水粘贴在一张完整的 A4 空白纸上。

3. 编页

编页就是给归档文件的每一页编上序号。纸质归档文件一般应以件为单位编制页码。编页主要分为手写编页和自动页码机编页。

（1）编页的要求。内容包括：①手写编制页码时为防止涂改，宜用铅笔编写；②一份文件的页码从 1 开始连续编写，如果有封面，封面即为第 1 页。只要是有字的页面，都需要编页，没有内容的空白页面不编页码；③文件材料已印制成册并编有页码的，拟编制页码与文件原有页码相同的，可以保持原有页码不变；④编制页码要认真、细心，不能出现漏号、重号。

（2）编页的方法。页码应逐页编制，宜分别标注在文件正面右上角或背面左上角的空白位置。

4. 分类排列

（1）文件的类型划分方案。各立档单位档案部门，应按照相关规定，对归档文件进行科学分类，同一全宗内应保持类型划分方案的一致性和稳定性。分类方法主要有年度分类法、机构（问题）分类法、保管期限分类法。在实际工作中，一般不是单纯地选用一种分类方法，而是将几种分类方法结合使用，叫作复式分类法。

（2）文件的排列。归档文件的排列是指在单位类型划分方案的最低一级类目内，根据一定的方法确定归档文件先后次序的过程。通常情况下归档文件应在类型划分方案的最低一级类目（类别）内，按事由（事情缘由）结合时间排列；同一事由中的文件，按文件形成先后顺序排列；不同事由之间，按事由办结时间的先后顺序排列。如一套会议文件、统计报表、材料属同一个事由，其应按时间顺序排列在一起。

以下简单描述基本分类排列方法，步骤包括：①将同一全宗内须归入文书档案的文件材料，按文件生成年度为单位进行分类整理；②严格对照国家档案局颁发的机关文书档案保管期限表来制定的本单位文书档案保管期限表，按永久、30年、10年区分保管期限；③同一期限的文件再分机构或问题；④同一机构（或问题）相同保管期限的文件按事由结合时间排列。

（3）注意事项：①文件的排序主要按事由结合时间排列，简化工作。大部分小单位采用二级分类，在排列时，先将同一科室或同一问题的排列在一起，再将同一事由的排列在一起，这种排序虽无差错，但并不提倡。②因故未及时整理归档的零散文件材料，可排在同一年度、期限、机构（问题）的所有文件的最后，或并入关系密不可分的相关文件中作为一件。上述情况应该在盒内备考表中加以说明，而在实际整理工作中应尽量避免。

5. 编号与编目

归档文件编号，就是指将每份归档文件在全宗中的位置标记为符号，并以归档章的形式在归档文件上注明。通过编号，使归档文件在全宗中的位置得以确定，不仅为后续的编目工作提供了条件，也为将来查找利用时的实体存取提供了便利。档号的结构为：全宗号—档案门类代码·年度—保管期限—机构（问题）代码—件号。上、下位代码之间用"—"连接，同一级代码之间用"·"隔开。电子文件可以由系统生成归档章样式或条形码等其他形式在归档文件上进行标记。

6. 编目

编目是根据类型划分方案和室编件号顺序编制归档文件目录，对归档文件以件为单位进行系统分类、排列、编号后，将每一份文件的内容、形式特征及其编号登记下来，以备查找利用和管理统计之需。

7. 装订与装盒上架

归档文件经修整后要按件装订，进行固定。①装订的原则，内容包括：稳定性原则、最小影响原则、一致性原则、安全简便原则。②装订的方法。装订的方法有线装法、变形材料装订法、黏接法与封套法。

归档文件的装盒，即将归档文件按室编件号顺序放置，并填写档案盒封面、盒脊及备考表。将备考表置于盒内文件之后，再一起装入档案盒中，可以防止散乱丢失，便于取放，是对档案的一种保护方式。需要注意的是档案盒仅是装具。

文件按归档的件号顺序装盒，二级分类时，可装满一盒后再装下一盒；三级分类时，视一个机构（问题）文件的多少确定。不要求将同一事由的归档文件装入一盒，同一盒内的归档文件仅是按件号顺序装在一起。

不同年度、机构（问题）、保管期限的归档文件不能装入同一个档案盒。归档文件整理完毕装盒后，上架排列方法应与本单位类型划分方案一致，即分别采用"年度—机构（问题）—保管期限""年度—保管期限—机构（问题）""年度—保管期限"等不同类型划分方案的，应按照相应的分类次序上架排列。

排架遵循从上到下，从左到右的顺序。

# 第三节 鉴定与保管工作

## 一、档案鉴定工作

### （一）档案鉴定工作的意义与原则

档案的鉴定是指档案从业人员对档案的真伪进行鉴定，并对相关档案的价值进行科学评定，最终将具备存档价值的相关档案进行妥善保存，将不需要保存的档案进行科学销毁，其目的是更好地解决单位档案的存毁问题。"档案鉴定能够为档案管理工作提供依据，从而促使档案管理工作呈现出更为科学、更为规范的特征。"[1]档案鉴定工作贯穿于整个档案管理的全过程，决定着档案管理工作的质量和数量，对档案事业的科学健康发展起着至关重要的作用。总而言之，档案鉴定工作就是通过评判档案价值对档案的存毁进行科学认定的一种手段，其目的是更好地实现档案的科学合理保存。

1. 档案鉴定工作的意义

随着时间的推移，各单位档案的存量与馆藏室有限面积的矛盾日益凸显，用于专门存储档案的空间变得越来越窄，档案鉴定工作的价值在此时开始彰显，从事档案管理的工作人员按照已经制定的相关标准对档案的价值进行科学鉴定，通过科学的管理，有价值的档案能够更好地被使用者查阅和利用，既能降低档案管理工作的错误发生率，也能有效提升档案的综合服务水平，即使在意外发生时，也能实现档案的迅速抢救和转移，降低重要档案的损坏风险。

2. 档案鉴定工作需要把握的原则

（1）全面原则。开展档案价值鉴定，要做到单位需要与社会需要的有机结合，以便对档案价值进行全面的研究和判断。要明确各档案之间的联系，将有价值的档案形成一个有机的整体，进行分门别类的鉴定，既要鉴定每一份档案的单独价值，也要研判一系列关联档案的整体价值，这样才能对相关档案进行更好的保存。要多层次、多角度、多方面对

---

① 孟祥蕊. 档案鉴定工作问题与优化策略探索 [J]. 产业与科技论坛，2021，20（23）：202-203.

保存档案的相关社会需求进行科学研判，做到本单位需求与社会发展需要相结合、眼前需求与长远需求相结合、工作需求与科研需求相结合、发展需求与编史修志相结合、历史环境与现实需求相结合。

（2）发展原则。对于档案本身而言，其具备时效性与拓展性相结合的特点，一些档案可能在现阶段无法发挥其应有的价值，但是随着时间的推移，这一部分档案的价值将逐渐显现，将对社会和单位发展起到相应作用。因此，档案管理从业人员在对相关档案进行鉴定时要立足当下，着眼未来，做好档案的鉴定、归档和保存，在满足单位现阶段发展需要的同时，为单位和社会未来发展提供更好的服务。

（3）重要原则。由于档案管理从业人员立场不同，对档案的价值鉴定或多或少会存在一定的偏差，所以在对档案价值进行鉴定时，必须严格参照《档案法》和相关规定对档案的实际价值进行鉴定，判断各种档案的重要性、存档期和存毁问题。对于一些重要档案，按照要求进行有序归档、永久保存，对一些须定期保存的档案进行入库，过期档案或者没有价值的档案应该按照相关标准进行统一处理或销毁。

（4）效益原则。开展档案管理工作需要投入大量的人力、物力和财力，如果对档案进行鉴定时没有效益观念，档案的价值无法得到有效鉴定，可能导致大量没有价值的档案堆积，增加档案管理成本的同时，浪费大量的人力、物力和馆藏空间，给国家、人民和单位带来沉重的负担，一些有价值的档案可能因为档案过多被淹没，甚至被错误销毁，社会价值无法得到有效发挥。因此，在开展档案鉴定工作时，需要充分考虑档案管理的效益，实现成本、投入与档案效益的有机结合，以便更好地发挥档案的社会价值和经济价值。

## （二）档案鉴定工作的优化战略

### 1.提升档案鉴定意识

现在是信息化社会，各种信息资源充斥着人们的方方面面，其中包括有价值信息和垃圾信息。档案鉴定作为判断档案价值的重要工作，能否鉴定档案价值对推动档案管理事业的发展起着重要作用。国家、社会及与之相关的各单位都应该积极营造良好氛围，进而有效提升社会和从业者的档案鉴定意识，推动我国档案事业不断发展。政府部门要加大对档案鉴定工作宣传的投入力度，充分借助新媒体、传统媒体等宣传档案鉴定的重要性，积极营造良好的社会氛围，有效提升档案鉴定从业者和社会各界的档案鉴定意识。单位要选配档案鉴定专业人士，通过定期或不定期培训来提升本单位档案鉴定从业者的专业知识和技能，从思想上认识档案鉴定的重要性。涉及档案专业的期刊、报纸等要主动承担起宣传档案鉴定的任务，让从业者和单位更加明确档案鉴定的意义和作用，有序推进档案管理工作的顺利开展。

### 2. 大胆创新档案鉴定理论

档案鉴定理论应该随着社会经济发展而大胆创新。只有这样，档案鉴定理论才能更好地指导实践，为档案鉴定工作的开展打开新局面。要坚持树立创新观念，用发展的眼光来看待档案鉴定工作，认真分析档案鉴定工作各阶段的发展特征，制定科学的档案鉴定方法，并结合实践过程中反馈的意见来修订，这样既能丰富档案鉴定理论，也能推动档案鉴定工作有序开展。要建立科学的档案鉴定机制，为严格落实档案价值鉴定、档案存放、档案销毁等相关工作提供制度保障。要做好档案鉴定工作经验的收集与总结，跳出专家学者研究理论的限制，在广泛收集一线档案鉴定工作经验的同时，培养一批高素质、高水平的档案鉴定从业者，更好地推动档案鉴定理论与实践相结合，这样既能实现档案鉴定理论的创新，也能更好地指导档案鉴定工作的开展。

### 3. 完善档案鉴定的组织与标准

档案鉴定的组织与标准直接关系到档案鉴定工作的实际成效。国家、地方、各行业、各单位都应该结合具体发展实际设置专门的档案鉴定机构，形成一套比较完善的档案管理体系，并且就档案鉴定工作进行相互沟通交流，共同推动档案鉴定事业的发展。要充分结合社会经济发展的实际情况，及时调整档案中涉及市场经济的相关内容和鉴定标准，确保市场经济下的档案鉴定工作程序更加标准和规范，更好地开展档案鉴定工作。要进一步健全和完善现有档案鉴定标准，细化档案鉴定的价值标准，增加档案鉴定的效益原则，确保档案鉴定工作更加准确、科学、可靠。要进一步在现有的法律和规章制度上明确档案实施的具体流程和相关规定，具体化解档案鉴定条款中的模糊概念，明确有价值档案的存档时间和需要销毁处理档案的具体流程，切实增强档案管理的可操作性，为档案管理者"松绑"，为档案馆藏室"减压"。

### 4. 增强档案鉴定人员的综合素质

档案鉴定人员作为档案鉴定工作的主体，其人员素质的高低直接关系到整个档案鉴定工作的质量。国家、地方、各行业、各单位要高度重视档案鉴定的人才队伍建设，根据实际发展多方引进专业的档案管理人员，提升原有的档案鉴定水平。同时，加大档案鉴定人才的培养投入，定期或不定期组织档案管理者开展档案鉴定及相关的专业知识学习，实现档案鉴定人才的知识和技能更新，增强他们的综合能力。要牢固树立效益意识，协调好档案鉴定与其余各项工作之间的关系，实现彼此之间的相互配合与合作，保障档案管理工作的有序开展。要健全和完善档案管理的奖惩制度，严格落实档案管理责任，奖罚分明，充分调动档案鉴定从业者的工作积极性，有效提升档案鉴定的综合效率。

## （三）档案鉴定工作的价值判定

档案的价值鉴定是档案馆（室）按照一定的原则、标准和方法，甄别和判定档案的真伪和价值，确定档案的保管期限，剔除失去保存价值的档案并销毁，使保存的档案达到精练的程度。简单地说，就是甄别档案真伪和判定档案的价值，决定档案存毁的工作。它是档案工作的业务内容之一，是档案馆（室）的一项专门业务。

1.档案鉴定工作的价值判定内容与意义

档案鉴定工作的价值档案价值鉴定工作内容包括：①制定档案价值的有关标准，包括单行规定和档案保管期限表等；②具体判定档案材料的价值，确定其保管期限；③剔出本无保存价值和保管期满的档案，按规定进行销毁或做相应的处理。

档案鉴定工作的价值判定意义体现在以下方面：

（1）便于发挥档案的作用。鉴定可以去其糟粕，留其精华，剔除无价值的档案，把有价值的档案管理好，才能发挥档案的作用。

（2）便于档案的安全保管。鉴定可以分清主次，对保存价值大的档案，给予良好的保管条件，尽可能延长档案的寿命，维护档案的安全。对失去保存价值的档案剔除销毁，腾出库房和装具去妥善保管有价值的档案。

（3）便于应对突然事变。经过档案鉴定，区分了主次，如遇突然事件，可以及时、迅速地将重要档案抢救和转移。

2.档案鉴定工作的价值判定标准

档案鉴定工作的价值判定标准——档案保管期限表，它是用表册的形式列举档案的来源、内容和形式，并指明其保管期限的一种指导性文件。它是档案馆（室）鉴定档案价值和确定档案保管期限的依据和标准。

（1）档案保管期限表的作用。

第一，能够保证鉴定工作的质量和提高鉴定工作的效率。档案保管期限表是根据鉴定档案价值的原则，认真总结鉴定工作经验，经过反复讨论、研究而形成的，实践证明是行之有效的。由于标准明确，认识一致，有利于推动鉴定工作的顺利开展，加快鉴定工作的速度，提高鉴定工作的效率。

第二，能够有效地防止任意销毁文件。档案保管期限表明确规定了什么样的文件要保存、什么样的文件不保存，因为标准明确，界限清楚，加上严格的制度，所以能够有效地防止有意或无意而错误地销毁文件。

（2）档案保管期限表的结构。

档案保管期限表的结构包括顺序号、条款、保管期限、附注以及总的说明等部分。对于条款较多的档案保管期限表，还可以加上类别。档案保管期限表的一般结构，可以根据档案保管期限表的特点和实际需要，增加或减少某些项目，但条款与保管期限是最基本的项目，任何档案保管期限表都必须有。

第一，顺序号。档案保管期限表的各条款经过系统排列后，在各条款的前面编上统一的顺序号。编顺序号的目的是固定条款的排列位置，作为鉴定工作人员使用档案保管期限表时引用条款的代号。因此，条款必须从头到尾统一编流水号，不能有重号。

第二，条款。条款是同一组类型相同的文件的名称或题名（档案部门习惯称标题）。拟制条款要求能反映出一组文件的来源、内容、名称和形式，文字要简明、确切。在列举一组文件的来源、内容和形式时，可以指出具体的作者、问题，也可以概括出一组文件所反映的级别、问题和名称。每一条款应代表一组有内在联系的价值相同的文件，有时为了使条款简洁醒目，也可以将价值不同而有联系的一组文件写成一个条款，在条款下面分别指出不同的保管期限。条款一般不宜拟制得过多过细，但也不能概括成文教、卫生等类别，因为使用时会遇到困难。

第三，保管期限。保管期限的划分是鉴定档案价值的主要任务。保管期限划分得是否正确，是衡量档案鉴定工作的价值做得好坏、质量高低的重要标准。所以，确定保管期限是编制档案保管期限表最核心的问题。根据党和国家的有关规定，保管期限分为短期、长期、永久三种。

3. 档案鉴定工作的价值判定方法

（1）定性分析法是判定档案价值的重要方法。区分事物的质的定性分析是认识事物的开始，是认识量的前提，它在认识过程中具有优先性和普遍性。鉴定工作中档案价值的体现具有一种潜在的价值关系，只能进行大体的预测，无法精确度量。只能着眼于事物的整体特性和主要方面，用分级断档的方法勾画出近似的轮廓，提出一个大概的日期和范围。定性描述能提供较为充足和直接的信息，促进人的全面思考，更好地适应外界条件的变化，从创造性思维出发更符合客观实际。因此，鉴定工作中判定档案价值主要采用的是定性分析法。

（2）定性分析与定量分析相结合是档案价值鉴定方法发展的必然趋势。定事物的质总是建立在一定量的基础上，因此从质的研究到量的分析，可以深化对事物的认识，正是在这个意义上，可以说定量分析是定性分析的精确化。从定性研究到定量分析的发展，是人类认识发展的规律。

（3）比例鉴定法。这一方法的实质在于确定档案馆（室）永久保存的档案和机关形成的全部文件之间的比例关系，用于对进馆档案总量的宏观调控。各类价值的档案数量有一定规律可循，在深入调查研究和准确分析档案价值的基础上，可以制定一个大致的存毁比例作为鉴定标准。

（4）选样鉴定法。这一方法就是从某一类型的档案总体中选出一部分"样本"，作为该类档案的代表保存起来，实质是用少量档案反映历史概貌、内容和特征，起"解剖麻雀"的作用。

（5）系统优化法。该方法要求对档案文件是运用系统论的观点，按照档案信息系统

（大系统、子系统）结构优化的要求，在立足社会需求的基础上，兼顾保管条件和经费的制约因素，全面考虑系统内档案的存毁及其保管期限，力求保存最低数量的档案，为国家和社会储存更多的有用信息。

（6）模糊综合评价法。这一方法就是建立数学模型定量分析档案的保存价值，其目的在于以定量化手段减少判定档案价值中的主观随意性和经验色彩，更准确地划分档案保管期限。该方法视角新颖，能给人以启迪，但研究与论证还不充分，不具有推广应用性。

（7）直接鉴定法。运用这种方法，要求鉴定工作人员根据鉴定档案价值的原则和标准，根据档案的实际情况判定档案的价值。直接鉴定法要求鉴定工作人员逐件逐张地审查档案材料，从它的内容、作者、名称、可靠程度等方面全面考查、分析、确定其价值，不能只根据文件题名、名称、文件目录、案卷题名、案卷目录去确定档案的价值。一般来说，题名和目录应该正确反映文件或案卷的内容和成分，但由于有的文件题名使用不当及案卷质量低等缺点，导致题名和目录不能正确揭示文件或案卷的内容和成分，若仅根据它们去判定文件的价值，就可能发生错误。因此，为了保证鉴定工作的质量，必须直接审查档案材料。

## 二、档案保管工作

档案保管工作就是人们向一切可能损毁档案的社会的、自然的不利因素作斗争的工作过程。简而言之，档案保管工作应该做到"四不"：不散（不使档案分散）、不乱（不使档案互相混乱）、不丢（档案不丢失、不泄密）、不坏（不使档案遭到损坏）。档案工作的实践，向我们提出了一个很尖锐的问题：一方面，为了维护党和国家的真实面貌，要求我们把档案长期保存下去；另一方面，档案的"寿命"是有限的。为了解决这些急迫的问题，就必须加强档案的保管工作。因此，无论对于现在还是将来的事业，档案的保管工作都是一个百年大计的工作。

### （一）档案保管工作的意义

第一，维护党和国家的真实面貌。档案是我们国家的财富，是对历史的记录，它是一种物质形式，由于各种原因会遭到损坏和变化。档案保管部门要真实、完整地保存档案资料，则必须保证档案的原始内容，字迹、音像等不被损坏，是维护国家真实面貌的有效凭据。

第二，延长档案寿命，为国家增加长远利益。档案保管是档案管理部门的重要工作，是真实反映社会面貌、确保国家对档案长期利用的有效证据。档案的保管与利用是息息相关的，如果只是保管不利用，那么档案保管工作就没有存在的价值；反之，如果只是利用而不保护，就不能完整发挥档案的使用价值。所以，档案保管和有效的利用是相互矛盾的，应该认真对待妥善安排。档案保管工作应该做到利用科学的技术和方案妥善保管档案不被损坏，又能为祖国的长远利用提供便利的服务。

## （二）档案保管工作的任务

档案保管工作是实现维护档案的完整和安全的重点环节和主要手段，其任务包括以下四个方面：

第一，建立和维护档案的存放秩序。档案馆（室）收集来的大量档案需要按照一定次序排列和存放于库房中，使之在库房内形成一定秩序。档案入库后，由于使用者查阅、档案编研、库房调整等原因，也常常需要抽调、移动一部分档案的位置，从而使档案原有的存放秩序发生变化。档案的排列有序是保证档案完整与安全，利用、存放、索取迅速便捷的基本条件，因此，必须建立科学、合理的存放秩序，并使这一秩序得到维护。

第二，防止档案的损坏。要了解和掌握档案损坏的原因和规律，通过经常性的具体工作，采取专门的、有的放矢的技术措施和方法，最大限度地消除各种可能损坏档案不利因素的影响，从而把档案的自然损坏率降低和控制在最小范围内。

第三，延长档案的寿命。档案保管工作不能只是一味地防治档案的自然损坏，还要从根本上采取更积极的措施，最大限度地延长档案的寿命。

第四，维护档案的安全。一方面，档案是一种物质存在的形态，必须最大限度地使其安全地存在下去；另一方面，档案作为一种社会现象，在整个政治斗争范围内不能因为保管不当或条件恶劣而使丢失或泄密，造成政治上的不安全。

## （三）档案保存工作的流程

### 1. 档案库房的管理

库房管理工作是档案日常保管工作的主要内容，是档案保管的基础工作。

（1）档案存放方式与排列顺序管理。库房的档案资料，要按门类、载体进行科学分类、排列、编号，柜架排列有序。档案存放方式，可以采用竖放与平放两种。竖放是采用最多、最普遍的一种方式，其优点是便于存放和提供利用；平放，取放档案不太方便，但对于保护档案有利，特别适合保管珍贵档案和不宜竖放的档案。库房中档案架、柜的排放，应满足下列要求：排列整齐，横竖成行；避免光线直射，注意通风；节约库房面积和空间，存取方便。为了便于库房的档案管理和迅速取放，所有的档案架、柜都应进行统一编号。

（2）库房温湿度的调节与卫生保洁。定时测量、记录库内温湿度，要求库内温度控制在14℃～24℃之间，相对湿度控制在45%～60%范围内。注意做好空调机和去湿机的定时开关工作，定时进行通风换气，不断改善保管条件，努力达到标准的温湿度。库房要定期清扫，保持库房内清洁卫生和整齐美观，坚持不定期检查，并做好记录。

（3）档案进出库房控制。档案库房应指定专人负责管理，制定严格的库房管理制度，无关人员不得进入库房，严禁库内吸烟。进出库房随时关门，离开时关灯关窗，锁门。

（4）库房的安全保卫。库房内各种电器闸门要牢固，下班时要关闭电闸。库房周围要灭绝火源。搞好库内防盗、防火、防尘、防潮、防磁、防高温、防虫、防鼠、防有害气体、防霉等"十防"工作。库内严禁存放易燃、易爆物品。要提高警惕，做好档案库房的保卫保密工作。遇有特殊情况，要及时向分管领导和职能部门报告，保护现场不受破坏。总之，档案的保管应贯彻"以防为主，防治兼施"的思想，防患于未然。

2. 档案流动中的保护

档案资料是党和国家的宝贵财富，为了做好档案保管工作，必须做到定期检查档案保管情况，对破损或字迹褪色的档案要及时修补、复制或进行其他技术处理；档案保管人员调阅搬运档案资料要轻拿轻放、严防揉搓、挤塞或撕裂档案资料，以减少档案机械磨损。

建立和完善全卷宗，并做好档案收进、移出、利用等日常登记、统计工作，掌握档案的流出和变化情况；档案按种类、单位存放排列，并标明存放年度和案卷起止号，便于查找；接收档案后，要及时进行登记、分类、立卷，编制检索工具，文书立卷应当保持档案之间的有机联系；做好档案的鉴定工作，对已超过保管期限或无保存价值的档案进行审查，并写出销毁鉴定报告。对销毁的档案要逐件登记，经领导审批，严格按照党和国家的有关规定执行。

3. 保护档案的技术措施

科学保护档案的技术方法很多，归纳起来主要有两个方面：

（1）防治技术。防治技术是防止或减缓各种外界不利因素对档案制成材料的破坏作用，主要是改善档案保护条件。要做好经常、具体的库房日常管理工作，为整体的档案保护工作创造必要的条件和良好的秩序。

（2）修复技术。修复技术是对于已经损坏或受到不利因素影响的档案进行处理，修复已遭破坏的档案，尽力恢复其历史原貌，增强其抵抗外界不利因素的能力。修复技术的基本内容有：去污、去酸、修裱及字迹恢复等。

# 第四节 统计与检索工作

## 一、档案统计工作

### （一）档案统计工作的意义

#### 1. 有助于认识档案工作

档案工作中诸多现象的发展过程、现状和一般的规律性，通过档案统计，让人一目了然。而且正是这种长期、系统的积累资料的工作，促进了档案管理研究和综合统计，为人们加深对档案工作的认识提供一种手段。

#### 2. 有助于科学管理

从档案统计工作来看，国家档案事业的方针政策、计划、法规制度的制定都离不开档案统计工作，统计工作提供的大量的信息可以对档案事业进行指导、监督、协助理顺档案事业的各个方面的关系。

科学管理档案不仅要定性分析，也要定量分析，两者结合才能实现科学管理，提高档案管理水平，以更好地指导档案实践工作。做好档案统计工作，可以为定量分析提供必要的数据。

#### 3. 有助于提高档案学的研究水平

档案统计是档案学发展的一个表现。以前档案学研究比较偏重研究社会科学的方法，随着科学技术的发展，档案学也逐渐运用自然科学、技术科学和管理学的方法来研究，由定性研究逐渐转变为比较关注定量分析研究。因此只有加强档案统计，认真进行分析，才能促进档案学的发展。

#### 4. 有助于档案工作良性运行

从系统论的角度来看，档案工作是由档案实体管理、档案信息开发和档案反馈信息处理三个子系统组成的，档案统计工作就相当于档案反馈信息处理系统，统计得来的具体数据，直接反映档案工作各方面的实际情况和水平，这是非常重要的。可以提供正确的决策依据和监督指导档案工作的统计资料，从而保证档案工作处于良性运行状态。

要了解档案用户的需求、档案业务工作的现状、水平、成绩和不足，都离不开反馈信息的处理。而这主要是通过统计工作来实现的。

### （二）档案统计工作的要求

档案统计工作是档案部门一项严肃的科学任务，为做好档案统计工作，发挥档案统计工作的作用，在进行统计时必须做到准确、及时和科学。

#### 1. 工作的及时性

统计工作的目的是为了解决档案工作中的实际问题，及时了解有关情况。如果统计工作拖沓，必然会贻误良机，从而影响档案工作。为此，应该建立档案统计制度，使档案统计纳入档案部门的日常工作轨道，各级各类档案馆（室）的统计工作要制度化，相互配合，及时地按规定上报档案工作领域的相关信息，为指导和监督档案工作提供科学依据。

#### 2. 工作的目的性

档案统计工作是为一定的目的进行的，不是为统计而统计。如果没有明确的目的性，统计工作就会失去意义，也不容易坚持下去。因此，确定档案的统计项目，要依据本单位的实际情况，兼顾需要和可能，如：单位大小、档案多少、管理状况和利用状况质量高低等，有目的地、实事求是地建立本单位的档案统计工作。

#### 3. 工作的准确性

档案统计工作的基本要求是保证统计数据准确无误。统计工作所获得的各种数据及其整理、分析得出的数据和结果都必须是真实可靠，具有客观真实性。档案统计工作是从档案现象的质和量的辩证统一中研究的数量方面，是用数字语言来表述事实的，因此，必须十分准确。数字的真实性、准确性是科技档案统计工作的生命。

要做到统计数字真实、准确，就必须有认真、负责的工作态度和一丝不苟、实事求是的工作作风，严格统计纪律，建立和规定科学的统计指标和统计计量方法。这样统计出来的数字才有价值，也才能够保证统计工作目的的实现。

#### 4. 工作的法治性

现代是法治社会，任何工作都要依法办事，档案工作也不例外。档案统计也要纳入法治建设的轨道，因为目前实际工作中仍然存在统计违法行为，为夸大成绩或缩小失误而虚假、瞒报、伪造和篡改统计数据资料的现象屡屡发生。因此，档案统计也要加强执法力度，才能使档案统计工作顺利开展，真正发挥档案统计工作的作用。

统计工作的目的是要对统计数字进行分析、研究，从中寻找事物发展变化的规律。对档案统计所取得的原始数字进行周密分析和研究，根据档案现象在一定时间、地点和条件下的具体数量关系，揭示档案及其管理工作中的内在联系和矛盾，从中总结经验，发现问题，分析矛盾，探索规律，从而改进档案工作，提高管理水平。

## （三）档案统计工作的步骤

档案统计工作的步骤，一般分为档案统计调查、档案统计整理和档案统计分析三个基本阶段。

### 1. 档案统计调查环节

档案统计调查是档案统计工作的初始步骤，它是根据档案工作的需要，按照规定的统计任务，为实现一定的统计目的，有计划、有组织地向被调查者收集原始统计数据或统计资料的工作过程。档案的统计调查是对各项原始统计数据或资料的登记、形成和积累工作。

（1）统计调查方案的制订。制订统计调查方案实际上就是对整个统计调查实施工作的过程预先进行设计的工作，以保证统计调查有计划地、统一规范地进行。其主要内容包括：调查目的、调查对象、调查内容、调查数据时点与调查工作时间、填表说明。

（2）档案统计调查的实施。档案统计调查实施是指根据档案统计调查方案中提出的具体要求来执行的统计调查数据或资料的收集占有过程。按统计调查组织形式不同，可分为统计报表制和专门调查；按统计调查涉及范围不同，可分为全面调查和抽样调查；按照统计调查工作时间特性不同，可分为经常性调查和一次性调查。

### 2. 档案统计整理环节

档案统计整理是对经统计调查所获取的原始数据进行分组、归类、审核、计算等处理，使之规范化、系统化的工作活动。统计整理是为统计分析提供系统规范的数据的，统计整理所采用的具体整理方法是根据统计分析的要求而确定的。在实际工作中，统计整理往往已经包含了统计分析的因素在内。如统计表就具有整理和分析的双重性质和作用。

档案统计整理的工作内容主要包括统计调查资料与原始统计数据的审核、统计资料的分组、统计资料的汇总与初步计算、统计整理工作总结等。

### 3. 档案统计分析环节

统计分析是对统计资料进行综合归类、比较研究，以揭示档案、档案工作内在联系与发展规律的活动。统计分析的总体目标，是从统计数据中发现确定性、趋向性、规律性的情况与问题，并对这些情况与问题产生的原因及相关因素进行研究，以得出明确可靠的结论。

统计分析是统计工作的目的所在。实际工作中应当根据具体统计工作任务、目标来恰当选用。但无论采用何种分析方法，其统计分析的基本工作过程大致相同：①按照档案统计分析目的，拟定分析提纲（或方案）；②收集统计整理的统计材料；③采用一定方法对统计资料进行分析、研究；④探寻影响科技档案及其管理工作的关键因素；⑤得出科学结论并有针对性地提出解决问题的方法，形成档案统计分析报告等。统计分析方法主要有对比分析法、平均分析法等。

## 二、档案检索工作

### （一）档案检索工作的意义

第一，桥梁作用。档案的数量随着时间的推移而日益庞大，内容也日益繁杂，档案检索就是在档案和利用者的特定需要之间架设一道"桥梁"，沟通两者的借需关系，利用者借助检索工具便可以较为迅速、准确地获取所需档案。

第二，交流作用。档案检索工具中存储大量的档案信息，不仅可以提供查询，还可以成为档案馆（室）与使用者、档案馆（室）之间的交流工具。利用者借助可以了解档案的分布、内容、价值等信息，档案馆（室）借助可以互相了解馆藏情况、互通有无，提高服务质量。

第三，管理作用。档案检索工具记录档案的主要内容和形式特征，集中、浓缩地揭示馆藏情况，档案工作人员可以通过检索工具概要了解馆藏档案的内容、形式、数量等情况，为档案管理业务活动提供一定的依据，尤其是馆藏性检索工具反映档案实体顺序，在库房管理、档案数量统计等管理活动中直接发挥作用。各种检索工具还是档案工作人员查找档案、提供咨询、开展档案编研工作的必要手段。

### （二）档案检索工作的地位

检索是存储和查找档案信息的过程，在档案工作中有着重要地位。

第一，有利于充分发挥档案的作用。检索是把档案材料的内容和形式特征著录下来，存储在各种检索工作中，根据利用者的要求，及时把档案查找出来，为各项工作服务，充分发挥档案的作用。它对于扩大档案工作的影响，争取各方对档案工作的支持，提高档案工作水平都有重要的作用，是档案工作的重要内容。

第二，有利于提供利用的先期工作。检索是档案工作的一项重要内容，是任何一个业务环节都不能包括和代替的。档案检索工作包括著录和存储档案信息，查找档案材料，属于基础工作性质。档案馆（室）收集的档案材料在做好整理、保管、鉴定等一系列基础工作之后，只是为提供利用创造了条件。而更直接的准备工作，如每一份文件或一个案卷的查找，是通过检索工作来实现的。能否及时、准确地将档案提供给利用者，充分发挥其作用，在很大程度上取决于检索工作。因此，有经验的档案工作人员在开展利用工作之前总是花费大量的时间和精力，准备好各种检索工具和手段。

第三，有利于灵活运用档案。随着信息技术进步，档案检索不再仅是查找整理，更注重理解和应用档案内容。通过有效检索，我们可便捷地获取所需信息，提升工作效率和准确性。①在海量档案中，检索能利用关键词、时间、地点等条件筛选，快速找到所需档案，节省大量时间和人力。②检索能将档案数字化并网络存储，实现资源共享，提升利用率，促进跨领域合作。③通过深入挖掘分析，发现有价值信息和规律，为决策提供更全面准确的数据支持。同时，检索能及时发现和纠正错误，提高准确性可靠性。

## （三）档案著录

档案著录是档案馆（室）编制档案检索工具时，对档案的内容和形式特征进行分析、选择和记录的过程。它具体记录或描述每份文件、每个案卷的内容和形式特征，揭示其主要内容、科学价值，指明出处，区别相互之间的异同，有效地揭示馆（室）藏，帮助利用者准确、迅速地检出所需要的档案。

档案著录的结果——条目，是指按照一定的方法，将反映单份文件或案卷的内容和形式特征的著录项目组合成一条记录。将众多的条目按照一定的体系和方法排列起来，便是目录。档案著录是获取档案中所含情报信息的主要途径，是编制档案检索工具的基础，著录的质量直接影响档案检索工具的质量。无论何种检索工具，要有良好的存储和查找功能，著录项目就必须详细具体、标引准确、格式与标志符号统一、文字简明。

档案著录包括著录原则、著录项目、著录格式、标识符号、著录信息源、著录用文字、著录项目细则。档案著录要求做到：内容准确，形式一致，符合标准化。

档案著录应遵循客观性原则。按照档案本身的文字、原题名的用词、排列顺序著录，保留题名中的标点符号，自拟的著录内容加"［ ］"，错误的原题名、责任者、形成时间可以照录，但应另拟题名或将考证出的责任者与形成时间附后，也可在附注项说明。

## （四）档案的计算机检索

档案计算机检索在检索方法、检索性能上与手工检索相比较，具有以下优势：检索速度快；能满足多元检索需求，检索效果好；检索点多，检出率高；利于实现资源共享；服务方式灵活多样。

档案计算机检索系统由硬件、软件和数据等部分组成。计算机检索系统的流程如下：

第一，档案信息的输入（存储）。利用计算机完成档案信息的输入过程分为两步：第一步，档案信息的收集、加工、著录、标引，生成检索标志；第二步，输入计算机，存入数据库，并根据需要建立相应的倒排文档。

第二，档案信息的输出。利用计算机完成档案信息的输出（查找或称查检）的基本过程也分为两步：第一步，根据利用者的提问，给出检索提问表达式并输入计算机；第二步，计算机根据检索提问表达式在数据库中查找后将结果输出。

# 第五节 利用与编辑工作

## 一、档案利用工作

### （一）档案利用工作的意义与要求

档案利用工作的意义，主要表现在以下方面：①档案利用工作是发挥档案作用、实现档案价值的主渠道，是档案工作为社会主义现代化建设服务的直接手段；②档案利用工作是档案工作联系社会的一个窗口；③推动档案基础业务建设，提高档案工作水平；④促进档案工作人员业务进修学习，提高档案干部队伍素质和工作能力。

档案利用工作的基本要求是档案馆（室）应当为档案的利用创造条件，简化手续，提供方便，主动开展档案的利用活动，及时掌握档案的利用效果，加大宣传力度。具体要求包括：①档案工作人员要不断提高自身的素质，主动、及时开展档案利用工作；②不断完善档案服务方式和手段；③掌握本单位、本地区近期的重点工作、重大活动，据此开展档案利用工作；④加强档案的宣传力度，增强全社会的档案意识，促进利用。

### （二）档案利用工作的方法

第一，档案利用的阅览服务环节。档案利用的阅览服务是指档案馆（室）设立专门阅览场所，为利用者提供档案服务的一种基本方式。阅览室的设置应该以宽敞、明亮、舒适、安静、安全为基本要求。一般应配有必要的利用设施和相应的参考工具。阅览室还必须制定阅览制度，作为利用者共同遵守的行为规范。

第二，档案利用的档案外借环节。档案利用的外借服务，是指档案馆（室）按照一定制度和手续，暂时将档案借出馆（室）外使用的一种服务方式。这是一种需要严格控制的档案借阅形式。

对外借的档案必须制定与执行严格的规章制度。履行一定的审批手续，进行必要的登记签字；控制借阅的期限和数量，严格催还和续借制度，避免因外借时间过长致使档案损毁；对归还的档案应完善归还注销、清点检查制度，确保外借档案安全、完整地收回。

第三，档案利用的咨询服务环节。档案咨询是档案馆（室）人员解答利用者提出的问题，指导利用者查阅档案信息的一项服务工作。咨询内容有事实性或知识性，咨询方式有电话、来人、来函等。咨询服务一般分为：接受咨询、咨询分析、查找档案、答复咨询、建立咨询档案等步骤。

第四，档案利用的档案展览环节。档案展览，是档案馆（室）为配合各项工作的开展，按照一定主题，系统、形象地展示与介绍馆（室）藏有关档案的内容、成分的一种提供利用方式。在展出时，必须注意档案保护和保密工作。为了保护原件，展品一般宜用复制品。展出机密的档案，须经领导批准和规定参观者的范围。

## 二、档案编研工作

当前，随着档案事业不断繁荣发展，如何充分发挥档案的潜在价值与作用，使之服务于经济转型升级、社会进步和民生需求，显得十分重要。档案编研工作所要探究和实践的，就是通过挖掘档案资源，利用档案里蕴藏的丰富信息来回顾历史，总结经验，服务于社会各项事业。

档案编研工作是档案人员富集档案中最有价值的部分，以具有倾向性专题成果的形式，提供给社会利用的工作。作为一种主动服务型的利用工作，档案编研工作能够提供系统化的、经过科学整理的档案信息，可以打破档案利用在时间和空间上的限制。

从事档案编研工作既要尊重事实，保持档案文献的原貌，忠于档案原文；又要注重档案编研成果的实用性，使之有利于社会发展。

### （一）档案编研工作的意义

第一，档案编研工作是提供利用服务的一种方式。档案工作人员把具有研究价值和实用价值的档案信息编辑、加工后，推荐、分发给有关利用者使用或公开出版，使馆外利用、异地利用成为可能，这有利于更加广泛地发挥档案在各项事业中的作用，对于实现档案信息资源共享也是十分有益的。

第二，开展档案编研工作是提高档案馆（室）工作水平。档案馆（室）做好档案的收集、整理、编目等基础工作是开展编研工作的前提；而在档案编研过程中大量调阅档案，又可对档案馆（室）的基础工作起到全面检验的作用。档案编研工作要求档案工作人员具有较高的知识水平，可以促进档案干部队伍素质的提高。档案编研工作向社会各界和本机关提供系统的档案信息服务，有助于扩大档案工作影响，赢得社会各方面对档案工作的重视和支持。

第三，开展档案编研工作是一种保护和传播的措施。档案编研成果不仅有积累史料、传播文化的作用，而且可以代替档案原件提供利用，从而保护档案原件使之延长自然寿命。将档案文献汇编出版，分存于各处，即使原件遭到损毁，档案的内容也可长久流传。

### （二）档案编研工作的要求

第一，史料真实。编研过程中选用的档案史料必须正确、客观地反映历史事实，这是检验编研成果质量和能否经得起历史考验的关键所在。档案编研工作必须对档案材料进行认真的核实考证，去伪存真。

第二，内容充实。档案编研成果能否受到社会的欢迎和重视，主要取决于是否有丰富充实的内容，能否完整地反映有关事物的发生、发展、变化和终结的全部过程。因此就需要将与题目有关的档案材料收集齐全，尽量选用并组成能反映题目内涵的完整材料。

第三，体例系统。体例上的系统，是指将档案材料按其内在联系，组成一个有机整体。在内容上条理分明，上下联系，合乎逻辑；在编排体例上科学地划分章节或分类，结构严谨，形成体系。

## （三）档案编研工作的流程

### 1. 选题与选材环节

档案编研成果分为抄纂、编述和著作三类，它们的工作内容、步骤和要求虽各具差异，但也有相同之处，其中，选题和选材是关键，是档案编研工作的开端和基础。

（1）选题。影响选题的因素如下：

第一，利用需求。通常情况下，编研人员关注的课题主要是与当前社会政治、经济、文化、民生等方面的热点问题相关联。因此，满足现实需要是选题的首要标准，同时还应关注具有历史意义的课题。

第二，档案基础。档案基础，一方面是指档案价值，档案价值取决于档案内容所反映问题的重要性、反映问题的深度以及人们对此的关心程度；另一方面，档案基础还是指本单位档案收藏情况。收藏档案数量多，且价值较高的档案馆（室）往往在选题上更加游刃有余。

第三，编研力量。编研成果的选题，必须由编研人员在调查分析的基础上，获取社会各方面对档案信息的需求，并要有一定的超前意识，善于辨别和捕捉各类热点问题。与此同时，选题也要从编研人员的业务素质和技能状况出发。唯有如此，档案编研工作才能处于主动地位。

总之，选题必须符合利用需求，必须以档案为基础，必须从编研人员的实际情况出发，这是选题的基本规律。

（2）选材。选材是一项具有一定技术含量的工作。习惯上，可以采用复式选材的方法，即将选材工作分为初选和复选两个阶段。初选阶段以充分收集、防止遗漏必要的材料为重点，做到"应选尽选"；复选阶段注重确定必要的材料，剔除重复的、价值较低的材料。

### 2. 抄纂型成果的编辑环节

抄纂是一种整理、公布档案原文的档案编研工作，是档案编研的基础性工作。

（1）转录。转录是指将档案制作副本供编研人员进行整理之用的一项工作。无论是手工抄录，还是使用电脑或复印、扫描设备来进行，在转录中都必须注意保持档案的本来面貌，保证转录件与档案原文的高度一致。根据编辑课题的不同要求，转录可以分为以下三种方式：节录式、全录式、混合式。

（2）点校。点校包括对档案原文中文字的校正、校勘、分段、标点、注释等工作。点校工作应遵守存真、慎改、标注、护档等原则。点校工作必须建立在认真研究、仔细校勘的基础上，坚持严谨慎重的态度来进行，是为慎改原则。凡是点校加工之处，均应以一定的方式向读者交代清楚，不准不做任何说明直接改动档案，此谓标注原则。点校必须在复制件上进行，不准以任何借口在档案原件上勾画、圈点、涂抹，此为保护档案的原则。

（3）拟制标题。标题，又称题名，是构成抄纂型成果最基本单位的一段、一篇或一组档案的题目，是这一基本单位内容的准确概括和揭示。

第一，标题的类型。标题的类型主要有两种：①单份文献标题。单份文献标题里又可细分为标准型和双层型。我们在日常工作中所见的单行标题就是标准型，双层型大多是将内容要素单独列为一行，其他要素置于另一行，这样就区分出上行标题和下行标题两个层次。②组合标题。组合标题是一组内容联系紧密的文件所共有的一套标题，分为总标题和分标题。其中，总标题主要揭示该组文件的共性，分标题主要揭示组内各单份文献的特性。然而，在编研实践中，较少采用双层型单份文献标题和组合标题。

第二，标题的构成。一个完整的标题由作者、内容、受文者、文种、时间和地点六大要素组成，其中作者、内容、文种、时间是基本要素。不过，在拟制标题时，不必拘泥于要素成分是否完整，应根据档案内容的实际情况加以灵活运用。

第三，拟制标题的基本要求。拟制标题时，要满足下列五个方面的基本要求：

完整：除去可以省略的，标题的各种要素应该尽可能完整。

准确：标题内各种要素应按照规范表述，明确无误。

简明：尽力摒除一切描写，少用甚至不用形容词，少用描述过程的语句，点明内容即可。

适度：适度表露编者的思想倾向，必须沿用的不好的词汇，须用引号标示。

统一：标题的形制要一致。在同一编研成果中，标准型与双层型不得混用。

（4）编排。编排是对由多篇档案组成的抄纂型成果中的档案进行分类，确定编排体例，并按照编排体例排列档案材料，并编制目录的工作。其中，确定编排体例对于编排工作至关重要。

第一，编排体例。编排体例实际上是档案的排列组合形式，可以区分为不设类项、单层分类和多层分类三种。

第二，编制目录。目录是按编排体例标示抄纂材料的标题次序，并注明其所在页次的一种检索工具。编制目录是整个编排工作的最后一环。目录一般位于序言和编辑说明之后，正文之前。常见的目录有简要目录、详细目录和总分结合式目录三大类。

3. 著作型成果的编撰

（1）论文。论文是对哲学社会科学和自然科学中的一些问题进行科学的理论分析，揭示其本质、规律，表达作者看法的论说文章。论文是在对大量档案信息的提炼综合、分析研究的基础上，揭示档案内容的实质和内在联系，是对档案信息的深度加工。

科学性、理论性、首创性和有效性是论文的基本特点。一篇规范的论文至少包括：标题、摘要、关键词、正文、注释（参考文献）等。

（2）展览、大纲与小样。展览是以实物、图片为主，辅以必要的说明文字，运用各种展示手段将它们组织为一个完整整体供人参观。需要说明的是，本书所述的展览特指档案部门主办的展览。展览的筹备举办是一项系统性工程，牵涉档案征集接收、整理保管、利用等多个环节。其中，展览的基础性工作、展览大纲的撰写、素材小样的制作属于档案编研工作范畴。

大纲是整个展览的骨架，可以以时间为序，将所有展品按不同的阶段分别组织，也可以按专题区分，根据不同专题来组织展品，共同演绎一个主题。在撰写大纲的同时，编研人员应注意展品的遴选。对于档案部门举办的展览而言，展品自然主要出自自身的馆藏资源。对馆藏情况相对熟悉的编研人员，可先草拟大纲，然后据此查找、确定展品。在这一过程中，大纲的结构与内容也会随着新展品的发现而不断调整。因此，在展览筹划阶段，大纲和展品两者有着互动的关系。

在完成大纲、认定展品后，展览将进行内容审核、场地设计布置阶段。然而，大纲不过是纯文字稿，审核者和设计人员无法从中看到展览的整体空间效果。因此，编研人员还须制作素材小样以供有关人员审查修改、设计布展。所谓素材小样，就是以大纲为基础，将展品的图像资料与大纲内的说明文字一一对应，组成一个图文并茂的展览素材稿。有了素材小样，便于展览布展工作进入实质性启动阶段。

（3）图册。图册是主要利用照片或其他图片编制的编研成果。与展览相仿，这里所说的图册特指档案部门制作的图册或是其他机构利用档案图编成的图册。

图册的主干是照片（图片）和文字两大块。历史原照是很多档案部门的特色馆藏之一，这些原照清晰度高、史料价值珍贵，是编制图册的优质素材。除了照片外，诸如报刊插图、地图、海报，均属于图片。即便是纸质档案，在经过扫描或拍摄后也可以用来制作图册。照片和图片的混搭，是图册编制过程中常见的现象。

文字方面，要紧扣图片内容，注意详略得当。以档案图照为主的图册，由于其影像资料具有很强的历史感，所表现的内容远离现实生活，只有标注相应的文字，而且是比较详尽的文字，人们才能知其所以然。

4.辅文的编制环节

辅文，也称参考材料，是指编研成果正文之外，帮助读者阅读使用编研成果的文字、图表、照片等附加成分。辅文按性质和用途可分为三类：评述性辅文，以序言为代表；查考性辅文，包括编辑说明、注释、大事记及各种附录；检索性辅文，主要是目录和索引等检索工具。

（1）序言。序言，又称前言、引言、并言、叙言等，是阐明某一编研成果的宗旨缘起，概括介绍成果的内容，扼要评论其价值。它是全书的纲领，能够引导读者更好地阅读、利用编研成果，对读者起着指导作用。

撰写序言应结合档案加以介绍，将编研成果的主要内容和特色展示在读者面前。序言的形成方式包括：①非编者（作者）序，即邀请相关领导同志或知名专家学者撰写的序言。此类序言侧重于评价编研成果的意义与价值；②代序，即以一篇与编研成果内容紧密相关的学术性文章来代替序言，这篇文章既可以源自编研人员自身，也可以来自外界。

对于将法律规章、政策制度汇编成集的编研成果，一般不需要序言。刊登在报刊上的小型编研成果，可以"编者按"的形式给予介绍说明。

（2）编辑说明。编辑说明，又称编者的话、编辑例言、出版说明、凡例、编例等。编辑说明的作用：①介绍编研成果的构成；②介绍编研人员所做的工作。著作型成果一般不需要编辑说明。

编辑说明的主要内容有编写目的、内容范围、材料来源、编写原则及方法、内容编排方式等。为了让读者一目了然，编辑说明通常采用条目式的写法。

（3）附录。附录是附在正文后面、与正文内容相关联的参考资料。附录是为供读者在阅读、使用编研成果时查阅资料而设，同时也可以使编研成果的内容显得更加充实、丰满。

（4）索引。索引是将编研成果中的内容要项或重要名词逐一摘出，按照一定的规则排列，标明其页数，以备读者查找的一种检索工具。

索引主要由名目和注码两部分组成。名目指列入索引的被检索对象的名称，经常使用的有人名、地名、文献名以及专业术语等。注码是依次出现于编研成果中的该名目所在的所有页码。注码之间的符号可以使用逗号、分号、顿号等，但必须统一。编制索引包括：①从读者的需要和编研成果的内容特点出发，确定索引种类。②在文稿上进行标引，即查找到相应的名目，并在名目处做一记号。标引时要注意异人同名和一人多名、异书同名和同书异名等现象。③摘录名目，将已标引的名目一一摘抄下来，按照笔画顺序等次序排列。改编页码是最后也是最关键的一步。因为文稿上的页码与出版清样上的页码不同，千万不能将从文稿上摘下的页码当作索引最终的注码来使用。正确的做法是根据已摘录的名目，在出版清样上找到其对应的页码，然后逐一标注。至此，索引的编制工作就大功告成了。

# 第三章　档案管理的依据与维护

## 第一节　档案管理的理论依据

### 一、档案管理的内容

管理内容[①]即管理活动的对象及管理活动所要实现的职能和任务。也就是说，对于某一特定的管理活动和行为，其管理内容既可以是具体的对象，也可以是抽象的过程，还可以是具有更深内涵的职能，特别是许多宏观的管理活动中，对程序和职能的管理更是其日常工作的主要内容。

#### （一）内容管理与管理内容的关系

"内容管理"与"管理内容"在内涵和外延上的差异，主要源于对"内容"和"管理"的不同解读。"内容管理"中的"内容"一词起源于出版传媒业，是一个比数据、文档和信息更广的概念，是对各种结构化数据和非结构化文档的信息聚合，在某种程度上也包含了知识；"内容管理"中的"管理"，则是指施加在"内容"之上的一系列诸如收集、鉴定、整理、定位、转发、存档等处理过程，以促使"内容"能够在正确的时间、以正确的形式传递到正确的地点和人。因而有人将内容管理定义为：组织或个人借助信息技术，通过实现内容的创建、储存、分享、应用与更新，在业务与战略等方面产生价值的过程。

"内容管理"与"管理内容"的区别主要在于研究角度不同：内容管理是相对信息技术而言，由于受到网络和信息技术迅猛发展的影响，部分研究人员和管理者过分关注和依赖信息技术的功用，而忽视内容层面的研究和管理，内容管理的提出即意在强调对信息内容的共享和挖掘，有利于信息资产的充分开发和利用；管理内容则是相对于管理的方式和资源而言，在管理活动中将其单独列出能引发对传统管理学研究的重新审视，有利于引起对资源和方式等其他维度的关注和重视，拓宽研究的视域和范围。

此外，由于"管理内容"中两个词的内涵均小于前者，因而其外延与研究的范围都要远远大于内容管理。

"内容管理"与"管理内容"的联系和相通之处也是明显的，并且关系甚为紧密：

---

[①]　内容，是事物所包含的实质性事物，即事物内部所含的实质或意义或物件里面所包容的东西。

48

一方面，内容管理本身就是特定机构和社会管理的内容之一，即前者包含于后者，是后者的有机组成，如图书情报机构最重要的管理内容就是对馆藏信息内容进行有效的组织加工与提供利用；另一方面，内容管理能服务于管理内容，有效的内容管理为社会与机构管理活动提供大量有效的数据和信息，甚至直接产生价值和效益。同时，无论是关注"内容管理"还是"管理内容"，对于档案管理理论研究而言都不乏启示和运用：基于"内容管理"的研究顺应了档案管理从实体管理向信息管理转变的趋势，有助于引领档案管理者和研究人员的思维方式转变，推动档案数据库的建设，增强档案管理实践的调适功能；而从管理内容维度去探讨档案管理理论研究，有利于看到自身的长处和根本的同时，也认识到现有研究的挑战和机遇。

### （二）以管理内容为前提，研究档案管理学的界定与特征

管理内容包括管理活动的对象、流程以及所要实现的职能和任务，具体到档案管理实践，其管理内容既可以是具体的对象——文件（档案），也可以是抽象层面的档案管理程序和档案管理职能。因而，只要涉及这几个方面的档案管理理论研究即可归属于管理内容维度，如：文件（档案）的定义、特征、类型、功能与价值，档案的收集、整理、鉴定、保管、检索、编研与统计，档案行政机构、档案信息机构的管理职能等。

根据上述界定，不难得出基于管理内容的档案管理理论研究的特征主要有：

#### 1. 任务导向

在管理内容维度的构成中，对象、程序和职能是其核心要件，而档案实践活动最重要的管理对象是文件（档案），相关程序和职能都是围绕文件（档案）展开的，重视研究文件（档案）及相关流程和功能是与生俱来的，其出发点和立足点都是如何更好地实现文件（档案）管理的相关任务，特别是在档案史料和实体管理阶段，对资源和用户的漠视，使得关注文件（档案）的组织与保管的偏好表现得淋漓尽致，这种任务导向也是对档案管理程序和职能研究的惯性使然。

#### 2. 体制依赖

体制依赖，基于管理内容的档案管理理论研究，从萌芽到形成都是特定体制的产物，在其发展和壮大过程中，同样充斥着当时时代社会管理体制的烙印。大量相关研究都显示了对管理体制的关注和偏好，而解决档案管理问题的方法也寄望于体制的建立和健全，这其实是同一问题的两个方面，正因为档案管理活动需要体制予以支撑，才会重视和探讨体制的改革和优化，而研究的深入又能完善体制的功能，进而保障档案管理活动的顺利进行。

#### 3. 安全优先

由于档案信息的特殊性，为确保其完整性、真实性和可靠性，基于管理内容的档案

管理理论研究对安全问题格外重视，加之原有相对封闭的档案管理体制造成的过度强调保密，使得档案管理者和研究人员长期以来紧绷着安全这根弦，一直在保管保密和开放利用之间犹豫徘徊，将用户、服务、效率和效益等的关注降为次要和辅助地位，而面对数字环境下电子文件管理带来的挑战所表现出的畏惧和茫然，更凸显了这一爱好和倾向。

### （三）以管理内容为前提，研究档案管理学的作用与功能

内容是管理活动开展的根本和任务所在，管理资源与方式都是围绕管理内容而展开的，内容维度的档案管理理论研究不仅有助于对档案管理实践的提升和指导，也是其他维度档案管理理论研究的前提和基础，可见基于管理内容的研究是档案学的核心基础。其具体的作用与功能如下：

1. 能直接服务与指导档案管理实践

内容维度的档案管理理论研究与档案管理实践息息相关，既来源于档案工作实践，又为档案管理实际服务。即从档案和档案工作的实际出发，继续深化对档案管理的对象、程序以及职能的研究，能动地反映档案管理的客观规律，再探讨档案的形成、性质和价值的基础上，发现档案与档案工作的规律，提出档案工作的科学理论、原则和方法，以指导和服务于实际档案工作，进而有效地提高档案与档案事业的科学管理水平。

2. 管理资源整合与保障的前提

管理资源包括人、财、物和信息等基础性资源，也包括规则、权力、人脉和文化等特有资源。档案信息作为管理活动中必需的信息资源，越来越为人们所认识和认可，很少有人会质疑档案工作是信息这种资源的重要来源和保障，但往往不甚明了档案在其他资源上的作用和影响。其实档案工作一直在人、财、物等资源配置上发挥着巨大作用：首先，健全的档案工作能保证管理资源不被随意挪用和流失；其次，管理者在计划和决策时，一般都需要借鉴过往类似活动在人力、物力和财力方面的投入情况，档案工作者如能及时调出并予以适当汇编，就能保证资源配置的合理性和时效性。档案与档案工作还是权力、人脉等隐性管理资源的基本保障，如民主体制下，越来越多地需要利用档案来证明权力的来源及其合法性和权威性。而档案与档案工作正是基于管理内容的档案管理理论研究核心和重点，在引领档案工作革新和优化之时，促进了档案这种管理资源的整合与利用，也夯实了其他资源的保障基础。

3. 管理方式的验证与探索

一般认为，档案工作是机构和社会管理活动的记录者和辅助者，而不太认可档案工作人员也是管理活动的直接参与者，这一方面是因为他们仅仅只关注管理活动的内容维度，过分狭义地理解管理的内涵，另一方面是不自觉地将档案工作的性质等同于档案的属性，认为档案管理活动总是事后的和迟滞的。其实，档案工作早已渗入文化教育和服务民

生等公共管理活动的方方面面，不再仅仅限于对社会历史记忆的保存和为管理提供决策参考信息，档案早已经成为直接化解社会矛盾的重要依据、维护和平衡各方利益的武器，法治社会中的档案还是管理权力来源的基本凭证，因此，档案工作是伴随机构与社会管理活动的全部流程，本身就是一种管理手段，能在一定程度上提高管理的效率和效果。此外，档案管理与其他的社会管理在原理和本质上是相通的，它们的管理方式是可以互相借鉴和互为利用的，许多社会管理方式可以为档案管理活动所用，而档案管理的方式同样也可以予以"输出"和推广，最明显的佐证之一就是档案行政管理活动同样也需要通过文件方式予以推行。可见，内容维度的档案管理理论研究可以作为管理方式研究的参照和印证。

## 二、档案管理的资源

资源是管理活动开展的前提和基础，管理内容能顺利完成、管理目标能得以实现，不仅必须拥有足够的人、财、物和信息等显性、半显性资源，还有赖于必要的权力、人脉、文化等隐性管理资源。而档案管理理论研究在管理资源维度有着两个方面的功能：

第一，研究文件（档案）内容信息的开发与利用。信息是管理活动重要的基础性资源之一，信息活动贯穿于各个管理环节，而其中的文件（档案）信息更具确定性和凭证性，在管理活动中具有不可替代的作用和特有价值。

第二，研究文件（档案）是如何实现对其他管理资源的保障，特别是在保障权力、文化等隐性资源中的功能和作用。中国档案学实际上是一种关于管理资源重新配置与整合的理论模式，作为一门成就了数十年的管理类学科，其本身就是一种可资利用的资源，在理论上和实践上都有相当的发展空间，已经具备了"扩展"和发展的资格。可见，面向管理资源无疑意味着档案管理理论研究的价值增长点。

### （一）管理资源的内涵

管理资源即为管理活动所需的资源。管理资源无非就是传统的"人力、物力、财力"资源，再加之近年来比较吸引眼球的"信息资源"，而资源管理就是人力资源管理、物业管理、物流管理、财务管理、信息资源管理等，这些理解和认知比较通俗易懂，但同时也略为粗浅和表象，因为这些观点对管理资源缺乏深层次的思考与研究，只注意到了显性的基础性资源，忽略了规则、权力、人脉、文化等半显性或隐性的"特有资源"。

管理资源包括显性资源、半显性资源和隐性资源，前者如人力资源、物力资源、财力资源，中者如技术、规则和信息资源等，后者诸如权力、人脉和文化等，显性和半显性资源是管理活动中的"资质因素"，而隐性资源是其中的"动力因素"，这些关键、重要的管理资源实际上都是管理的命脉。

管理资源还可分为基础性资源和"特有资源"两个层次，前者如人力资源、物力资源、财力资源和信息资源等，为管理活动提供外在保障；后者诸如规则、权力、人脉和文化等，为管理提供内在保障。管理活动中的两类资源都是不可或缺的，如：作为管理"特有资源"的"权力"是一种单方面的影响力，"单方面"是指权力的"非对称性"，这种"非对称性"的资源是"稀缺的或者具有潜在稀缺特征的资源"；规则包括"明规则"和"潜规则"，具体形态包括规章制度、道德法律、风俗习惯、社会结构等，规则的形成和行使是建立在特定的"权力诉求"之上的，而规则肩负着"权力诉求"载体的重任，离开规则管理活动无法进行，管理目标也就无法实现。

### （二）以管理资源为前提，研究档案管理理论

资源是一个动态的概念，不同的生产力水平和认知条件下对其内涵与外延的理解不同，但不变的是资源必须是与人类需求相关，并在人类活动中可资利用的事物，即可利用性是所有资源的本质特征。

至于"资源管理"，通俗的理解，就是对各类能满足一定主体需求的对象进行有效的控制、加工、配置及利用的过程，常见的如人力资源管理、物资管理、能源管理、信息资源管理等。资源管理问题是公共管理研究的重要课题，研究资源管理能更好地发挥政府和公共职能，有利于引导市场和企业提升其核心价值、保持其竞争优势，资源范畴的拓展是公共管理和企业管理理论发展的共同需要。

"管理资源"与"资源管理"是既相联系又相区别的两个概念。两者之间的联系在于，都包含了对资源的关注和重视，只不过在对"管理资源"的研究中，一般会同时考察和比较多种资源的状态和效用，而在研究"资源管理"时，往往只着眼于某一资源，而对该资源的探讨相对更为深入和全面。同时，在任何资源管理活动中，都需要管理资源的保障和支撑，而任何管理资源也都可以成为资源管理的对象，两者是互为条件、相互依存的。

区别在于两者关于资源的内涵有所区别，这导致管理资源的外延相对较小，也就是说，几乎所有"资源"都可作为管理的对象，而"管理资源"只是其中对管理活动有益的那一部分。此外，这两个概念的出发点有所差异，"管理资源"的提出是为了探讨资源在管理活动中的功能和效用，其研究基点是管理活动；而后者研究的则是特定的资源，即如何利用适当的管理方式和手段，实现对某类资源的有效组织、加工和配置。

档案的信息属性已经为大多数人所认识和重视，与其他类型的信息资源相比，以其真实性和可靠性而取胜，极富参考和利用价值。管理活动中利用档案信息资源辅助决策的案例不胜枚举，如：辽宁省档案局（馆）经过对馆藏的认真调研，不定期编辑《辽宁档案资政》，报送省委、省政府领导参阅，先后为开发该省金矿资源、推动温泉旅游业等重大决策提供了思路和参考。同时，随着人们参政议政和维护自身权益的意识逐渐增强，对公共管理程序和决策依据有着更多的期望和知情权，相关档案信息也就成为维护政府公信力和社会稳定的重要资源。

不仅档案信息是一种管理资源，档案工作本身也能服务于机构与管理，重庆钢铁集团档案馆（以下简称重钢）的实践就是一个亮点，不仅用丰富的档案资源充分展现自己的成就和实力，还对前来考察的洽谈者，给予其在重庆期间公务活动进行全程摄像记录，并制作成光盘作为客户离别时的纪念礼物，以此来传递重钢的人性和诚意，为重钢赢得了巨大的经济效益和良好的社会效益。

此外，档案学的应用研究与部分基础理论（如：来源原则、文件生命周期理论等），在直接指导档案管理实践中一直发挥着巨大的作用和功效，正如林清澄等人所述，档案学理论本身就是一种特殊的资源，同其他科学理论一样，对管理活动和实践具有指导功能、预见（测）功能和解释功能，这些功能都是其价值的体现和资源的表征。

据上分析可见，档案、档案工作和档案管理理论研究成果都可以成为特定管理活动实践所需的资源，而这些都是档案管理理论研究的内容。因而可以认为，面向管理资源的研究其实是档案学的理性回归，绝非标新立异或哗众取宠。

### （三）以管理资源为前提，研究档案管理理论的研究本质与特点

面向管理资源的档案管理理论研究在本质上具有双重性：一方面要研究其自身作为资源的属性和规律，即作为信息的一般性征和专有特质，研究文件（档案）内容信息在采集、描述、组织、检索、存储、传播、开发与构建等方面的规律；另一方面，要研究档案与档案工作的资源保障功能，既包括对人、财、物等显性管理资源的信息保真与保全，还要探讨对半显性和隐性管理资源的挖掘与控制。这种双重属性和功能，决定了资源维度的档案管理理论研究具有如下特点：

1. 用户导向

用户导向是资源维度档案管理理论研究的本质要求，因为资源的首要属性就是其之于主体的价值和有用性，离开对用户需求和用户倾向的了解和把握，资源的开发与保障研究就会失去动力和目标。这里的用户不单指资源的利用者，而且包括管理活动的所有主导者和参与者，其中自然也包含以机构和团体为单位的管理主体。

2. 技术依赖

基于资源的视角研究档案管理活动，必然要对文件（档案）的内容进行描述、组织和提供利用，再用传统方式去处理海量的信息变得十分困难，对信息技术的运用和依赖就成为必然。此外，由于文件（档案）信息的一次管理无法满足不同层面、不同类型的用户需求，还要对其进行挖掘、开发和构建等深层次的加工处理，技术的进步为其提供了可能和便利。在这样的背景下，对技术的关注和依赖，就成为面向管理资源档案管理理论研究的偏好和重要特征。

3. 服务优先

与内容维度的过分强调资源本身的安全性不同，资源维度的档案管理理论研究秉承用户至上、服务优先的理念，不仅强调开放利用，而且对资源的可用性和易用性十分关注，将用户、效率和效益等置于主要和主导地位。正因如此，这一维度的档案管理理论研究及其指导下的档案管理活动，往往更具开放性和拓展性，能涉足更宽泛的领域、开发更丰富的功能。

### （四）以管理资源为前提，研究档案管理理论的研究意义与作用

资源是管理活动开展的前提和基础，管理内容能顺利完成，管理方式能发挥功用，都有赖于管理资源的支撑和保障。管理资源维度档案管理理论研究的双重功能和多样特征，使得其具有不凡的意义与作用：

1. 有助于推动档案管理活动理念与方式创新

资源维度的档案管理理论研究关注用户、强调服务，对固守封闭的档案管理模式无疑是一个冲击，要求档案工作者在服务理念和管理方式上都有所创新，能推动档案工作的不断革新和改进，促进机构信息资源的结构优化。同时，面向资源的研究成果能直接指导档案管理实践，提高档案实践工作者信息处理和服务水平，进而提升档案工作和人员的社会影响力。

2. 有助于促进管理资源的配置优化与价值增益

加强文件（档案）内容信息的开发与利用研究，有助于管理主体对人、财、物等资源的全面把握和实时调配，有利于对权力和人脉等隐性资源的适度利用，以保证资源配置的合理性和时效性，在管理活动中具有不可替代的地位和作用。充分、全面地发挥档案的资政决策和检测评价功能，事实上已经实现了档案这种资源的价值增益与转化。

3. 有助于提升档案学在管理学科群落中的地位

档案本身是重要的管理信息资源，档案工作在管理活动中能对包括自身在内的各类资源予以保障和优化，而这些都是档案管理理论研究的对象和内容，也是其优势和强项。从资源维度去认识档案学能提升研究主体对本学科的认知度和自信心，有利于引发其他管理类学科乃至整个科学界对档案管理理论研究的肯定和重视，进而有效提升档案学的学科地位和尊严。因而可以说，这一维度的探讨和成果是档案管理理论研究的价值增长点。

## 三、档案管理的方式

方式通常是指说话做事所采取的方法和形式，也常解释为可用以规定或认可的形式和方法。因此，管理方式既可指具体管理行为所采用的方式和办法，也可以抽象地理解为管理活动的通用手段或模式。

以管理方式为前提的档案管理理论研究主要包括：直接与媒介管理方式对比；管理活动中文件方式的特点与功能；管理活动中文件方式构成要素分析；管理活动中文件方式影响因素分析；文件方式的历史梳理与创新研究。

管理方式是管理资源整合、配置与利用的方法与途径，是管理内容与管理功能得以实现的基本手段。

## （一）以管理方式为前提，研究档案管理理论的研究阶段与内容

文件方式作为社会与机构管理活动中最重要、最通用的管理方式，由来已久，一般认为随着文字的出现和国家的产生，它在管理中的基本职能便已出现。至于管理方式维度的档案管理理论研究内容，无论属于哪一历史发展时期或哪种媒介形态，也无论何种管理理念，都应该涉及文件方式的含义与特点，文件方式的功用与意义，文件生成（制作）、流转、督办等的发展历程与趋势，文件方式的构成要素与环境分析等方面的研究。

## （二）以管理方式为前提，研究档案管理理论的研究倾向与特色

依据管理内容的特点和要求，对管理资源进行整合、配置和保障的方法与途径。在管理维度空间中，管理方式承担着"连接"内容维度与资源维度的功能和作用，只有借助和利用一定的管理方式，资源才能服务于管理内容。与此同时，管理方式也受到管理资源和内容的制约和影响，并为管理目标所指引和控制，为管理主体所左右和支配。因而归于管理方式的档案管理理论研究呈现如下倾向与特色：

### 1. 目标导向

方式是服务于管理内容的，但最终是服务于管理的目标，管理方式从选择、确定到运用，无不围绕和依托于管理的目标，归于管理方式的档案管理理论研究自然也着眼于社会与机构管理的终极目标，即实现资源的最优配置和效用最大化。因而方式维度的研究属于目标导向型，这与内容维度的任务导向不同，后者更关注细节和具体，相对较为短视，而目标导向则着眼于长远与整体，更注意通用性和兼容性。目标导向与资源维度的用户导向也不同，后者由于过分强调需求者的诉求和利益，往往忽视了提供者和其他相关主体的权益，而方式维度的研究则为了高效地实现管理的内容与目标，自然会以权益平衡为基础，注意权益补偿和救济机制的建立。

### 2. 系统依赖

系统依赖有两层含义：①对具体系统的依赖，即离开由生成机制、流转机制和监控机制共同组成的文件运作系统，文件方式就无立足之本，更不用说发挥其功用了；②宏观的管理系统，指管理方式的效果发挥对管理的资源与环境具有极大的依赖性，这就是为什么不同的管理主体会选择不同的管理方式和策略，而同样的管理方式和手段，经由不同的管理者运用，其结果与绩效也会有所不同。虽然资源是属于管理的内在性要素，具有可预

期性，能为管理者所把握和控制，但管理的环境却是外在的、不可预测的，因而管理方式维度的研究必须探讨文件运作系统及其与外部环境的互动。

3. 效能优先

既然归于管理方式的研究是目标导向，强调以最少的资源赢得最大的效益，这里的效益不是指单纯的经济效益，而是包括社会效益在内的综合效益，所以效能问题是其优先研究和考虑的。只有在目标引导下的效率才是方式维度研究所应该追求的，因此，在研究管理的手段和方式时，要注意调动管理主体的积极性、主动性和创造性，不仅强调管理的效率，更要保证质量和方向。

## （三）以管理方式为前提，研究档案管理理论的研究功用与意义

方式不仅是管理资源得以整合与利用、管理内容与功能得以实现的基本要素，还是这两个维度的"关联"者与沟通者，管理方式的研究在指导管理活动实践和提高管理效能等方面有着积极作用。档案管理理论研究一直在文件这种管理方式上有着无可比拟的优势，而文件方式因其具有确定性、规范性、可控性等特点，一直为社会与机构管理所通用和倚重。因而，归于管理方式的档案管理理论研究具有以下功用与意义：

第一，有助于应用于社会与机构管理实践。与内容维度的档案管理理论研究主要用于指导狭义的管理活动——档案管理实践不同，研究文件方式是服务于广义的管理活动，即旨在为各种类型的管理活动提供可资利用的手段和方法，以在遵循管理活动规律的基础上，实现管理资源的有效配置与利用，提高管理活动的效能和水平。

第二，有助于促进管理方式的优化和集成。优化，一方面，是指，由于这一维度的档案管理理论研究本身就是对文件方式的研究，必然会带来文件这种通用管理方式的革新和提升；另一方面，则是指通过研究与扩大文件方式的影响，也能引发人们对其他管理方式（如会议等）的关注和重视，促进这些方式的改进和发展。而所谓集成，则是指在深度发掘各种管理方式的优劣之处后，在明确管理要素状态的基础上，实现多种方式的有机组配和合理利用。

第三，有助于凸显档案管理理论研究的地位和作用。与资源维度的档案管理理论研究一样，归于管理方式的档案管理理论研究不再将视线拘泥于档案自身的管理，而是着眼于广义的管理活动，这种研究视域的开拓必然带来学科地位的改变。当管理方式问题进入人们的视野、文件方式成为人们关注的对象时，档案管理理论研究的作用和价值自然就得以凸显，而其他管理类学科在通用管理方式研究上的"短板"与短视，必然反衬出档案管理理论研究的长处与"强势"。因此可以说，这一维度的探讨和研究具有核心竞争力。

# 第二节　档案管理的维护工作

## 一、档案有害生物的防治工作

### （一）档案害虫的防治

档案害虫[①]是档案保存过程中面临的重要威胁之一，近年来，随着档案害虫治理技术应用研究的深入开展，其研究范围不仅仅局限于档案害虫对档案载体、字迹造成的威胁，还进一步让人们认识到档案害虫本身及传统防治方法可能对人体健康造成的危害。因此，为了达到既能及时、有效控制害虫的危害，又兼顾保护档案工作人员的身体健康的目的，需要重新认识和把握档案害虫综合防治理念。

1. 档案的防虫措施

（1）库房建筑的要求。新建或改扩建档案馆（室）时，应按照相关规定进行，并做到以下几点：①档案馆（室）选址，应远离池塘低洼地带，防止害虫滋生；远离粮库、医院、住宅区等，防止害虫传播；有白蚁地区，应做地基防蚁处理。②库房地基应采用钢筋水泥或石质结构。③门窗密闭性能好。

（2）档案入库消毒。新建或改扩建的档案库房、新进档案柜架等装具、新接收进馆档案、在虫霉活动频繁期调出库超过 24 小时的档案等，在档案入库前应进行消毒。

第一，空库及档案装具消毒。①拟除虫菊酯消毒。将拟除虫菊酯药液对空库的四壁、档案装具（金属装具除外）等进行喷雾。药剂的剂量及密闭时间参见其使用说明书。②紫外线灭菌灯消毒。紫外线灭菌灯安装数量应根据房间面积大小与空气污染程度而定，照射过程中，工作人员禁止入室。

第二，洁尔灭、新洁尔灭杀菌。

第三，新进馆档案消毒。建立健全新进馆档案消毒制度。新进馆档案经仔细检查后，区别不同情况，采取物理或化学杀虫、灭菌的方法进行消毒。档案入库前，对消毒效果进行检查。档案馆（室）的档案消毒设施，应按照相关规定进行。

（3）改善档案保护条件，防止害虫发生。

第一，入库前检查是否有虫害迹象。接收档案入库时应进行检查，发现有虫害迹

---

① 档案害虫属于仓库害虫的一部分，现已发现的档案害虫有：档案窃蠹、烟草甲竹蠹、鳞毛粉蠹、短鼻木象、裸蛛甲、怪甲、中华圆皮蠹、黑皮蠹、花斑皮蠹、红缘皮蠹、毛衣鱼、蟑螂（蜚蠊）、白蚁等。

象，要进行杀虫处理后方可入库。

第二，控制调节温湿度。档案害虫生长繁殖的最适温度为22℃~32℃，最适湿度在70%以上。如果把库房温度控制在20℃以下，把库房湿度控制在65%以下，档案一般不会生虫。例如，上海市档案馆（室）由于把库房湿度控制在65%以下，再加上其他管理措施，库房虽多年不放药也未发生虫害。

第三，搞好库房的清洁卫生，不堆放杂物，以免害虫滋生。档案害虫对生活环境的要求是潮湿、温暖、肮脏，喜欢在洞孔、缝隙、角落及阴暗处栖息活动。清洁卫生是造成对害虫生长发育不利的环境条件，是阻碍害虫的发生或发生以后因不适应环境而渐趋死亡的一种限制性措施。

档案库内要经常保持四壁、天花板、地面和柜架清洁，无洞穴、缝隙，对库内阴暗、潮湿角落，应注意清洁消毒，以防害虫滋生。

在库内不应堆放任何杂物，也不应带进可食物品。待处理或待销毁的案卷要保存好，不要随意堆放，由于长时间无人过问，易生虫而感染其他档案。

书籍资料要妥善保管，因为书背使用糨糊、胶水，装订密实，害虫也常常以此发生，引起蔓延。

第四，定期检查，破坏档案害虫的生态环境。档案进入库房之后，除了整理、利用以外，通常都处于静止状态。如果没有什么特殊原因，往往放在那里很少移动。在这种相对稳定的环境中，将有利于害虫的生长繁殖，有可能造成害虫的大量发生和为害。如果定期检查，翻动案卷，就可以破坏档案害虫稳定的生态环境，处于不利的条件下，使其生长发育受到限制，甚至死亡。

2. 档案害虫的综合防治

档案害虫的综合防治是以生态学原理和经济学原则为依据，采取最优化的技术组配方案，使档案害虫不能对档案造成危害，以获得最佳的生态效益、社会效益和经济效益。

档案害虫综合防治绝不是各种杀虫方法的简单叠加，而是为达到最佳的防治效果结合不同档案库房的实际情况采取最佳防治手段的综合。结合档案害虫防治的三个环节——消除害虫虫源、切断档案害虫再进入库房和传播的途径、采用档案害虫不宜生长繁殖的档案载体和档案装具以及对易生虫的档案载体进行专门保护。综合防治立足于"防"。

（1）利用虫情监测板、诱捕器对档案害虫进入档案库房的途径、路线、害虫种类和数量进行监测和虫情评估。根据评估的虫情评估结果决定采取的杀虫方法。

（2）严格入库档案的管理。对准备接收的档案要注意在档案形成部门和入馆前档案的保管保存条件。

（3）加强档案库房的管理。通过改善档案库房的环境条件和提高管理水平。改善档案库房的围护结构尤其是密闭条件。

（4）加强馆藏的档案清洁。可以改变档案害虫的栖息和繁殖所需的环境条件，降低档案害虫卵的孵化率和蛹的羽化率来达到预防害虫的目的。

### （二）档案防霉的有效措施

档案制成材料本身具有可供微生物营养的成分，造成档案发霉的主要外界条件有以下方面：湿度、温度、空气成分、酸碱度。

#### 1. 药剂防霉

防霉药剂的种类有很多，但大多数防霉剂须在生产中加入或涂在物品上才能起到防霉的作用，不适于档案防霉。适用于档案的防霉药剂应该是气相的，即具有挥发性，而且要符合一些要求：第一，具有足够的钻透性，药效好；第二，挥发出的气体对人无害；第三，对档案制成材料耐久性无不利影响；第四，价钱比较便宜。

常用的药剂包括：3 号中药气相防霉剂、香叶醇长效抗霉灵。

#### 2. 改善档案保护条件防霉

接收档案入馆应进行严格检查，发现有档案生霉现象要进行消毒后才能入库房，以防把霉菌带入库内。

加强库房的温湿度管理，控制库房的温湿度是防霉的重要措施。要注意控制库房的湿度，特别在梅雨季节更要注意把库房湿度控制在标准范围内，库房干燥就不会发霉。

搞好库房的清洁卫生。霉菌的孢子往往附着在灰尘上到处传播，库房中灰尘多，就意味着霉菌孢子多。注意库房清洁卫生，经常不断地把霉菌孢子清除出去，可以减少发霉的隐患。

#### 3. 气调防霉

多数霉菌在有氧条件下才能正常发育繁殖，如果用氮或二氧化碳全部或大部分取代保存环境中的空气，霉菌就不能生长了。这种方法要求密闭条件必须好。

### （三）档案消毒的方法

消毒的方法有很多，但高温高压、紫外线消毒等都不适用于档案消毒，因其对档案制成材料耐久性影响太大。目前，档案消毒只能靠药剂，如：甲醛、环氧乙烷。

消毒方法如下：

第一，个别档案文件用甲醛液消毒。个别档案文件发霉，可用甲醛溶液消毒。方法是用夹子夹住脱脂棉球沾上甲醛溶液，再往档案发霉的地方擦。进行这种消毒工作时，应在通风橱中进行，如无这种设备，要在库外做。因为用甲醛溶液棉球擦霉层时，有的霉层可能会脱落，其中的孢子会散到空气中，若在库内进行，孢子仍落到库内。另外，甲醛溶液挥发的气体对人有刺激作用，也不宜在库内进行。在库外操作时，人要站在上风处，减少甲醛对人的刺激。还应注意，如果档案字迹遇水扩散，则不能用甲醛溶液消毒。

第二，简易消毒箱甲醛熏蒸消毒。这种消毒箱是一个密封程度较高的木箱，在箱内下部 10 ~ 15 厘米处放置活动的木条格板，把案卷竖放其上，开口处应稍敞开，便于甲醛气体的钻入。在箱外加热甲醛溶液，使其气化后通入箱内。箱内温度保持在 20℃左右，不能太低，密闭处理 24 小时。

第三，真空消毒箱环氧乙烷消毒。真空消毒箱设备一般分为三个部分，即消毒箱、真空泵及气体发生器。消毒箱是一个金属制成的卧式长筒，箱内设有便于放置档案的活动架子，装取档案时可顺轨道将架子推进或拖出。两端（或一端）有密封程度非常高的密封门。

真空泵是由一个电动机和泵构成，由管道与消毒箱相连，可以抽出消毒箱中的空气，使消毒箱内呈真空状态，以利消毒。

气体发生器主要是借助高温或减压使药物气化，并沿输送管进入消毒箱进行消毒。

由于箱内有自控加温设备，不受外界气温变化的影响。箱内处于真空，加强熏蒸毒气的渗透力，可提高消毒效果。

有的真空消毒箱设备带有尾气处理设备，熏蒸后需要放气时，使毒气经过尾气处理设备进行处理，变为无毒气体放出，可避免对环境的污染。

## 二、档案的修复工作

修复技术是将遭到不同程度损毁的档案制成材料，进行适当的技术处理，清除不利于耐久性的因素；停止其继续损毁；增强抵抗外界不利因素的能力；尽量恢复原来的面貌，提高其耐久性，从而达到延长寿命的目的。

### （一）档案修复工作的原则

第一，保持档案的历史原貌。档案是历史记录，不仅档案的内容，档案上的任何标记都是历史痕迹。因此，它不仅有参考作用，还有着重要的凭证作用。在修复工作中，要想使档案的这一重要作用能够继续实现，不仅要保持档案内容的完整，档案上的任何戳记、批语、标记以及格式等均不能有所改变。

第二，应有利于延长档案的寿命。修复中采取的措施，不仅要看其短期内能否改善档案制成材料的状况，还要从长期考虑，看其是否有利于档案制成材料的耐久性。

修复方法应对档案制成材料没有副作用。也就是说，我们在研究修复方法时，不仅要考虑这种方法能否解决某种损毁的问题，还应考虑这种方法对档案制成材料有无副作用。例如，加固纸张强度的方法是否会对字迹的耐久性有影响，恢复字迹的方法是否会对纸张的耐久性有影响，恢复某一种字迹的方法是否会对其他字迹的耐久性有影响等。但是，档案制成材料种类繁多，损毁的原因极复杂，要求所有的修复方法都无任何副作用是极其困难的。因此，有些修复方法即便有些副作用，也不等于完全不能采用。这就要求根据具体情况，权衡轻重，正确处理。因此，任何一种修复方法都是有条件的。

第三，修复前应进行试验。修复工作是一项关系到档案命运的工作，必须谨慎、细致。修复前要对档案制成材料的性质、损毁原因以及将采用的修复方法的使用范围等情况了解清楚，并应进行修复前的试验，确认没有问题时，再正式处理。绝不能贸然行事，否则会造成无法挽回的损失。

### （二）档案的除污技术

档案在形成、管理、利用等过程中，由于某种原因有时会沾染上各种污斑。这些污斑如果长期留在档案上，往往会影响档案的利用或档案制成材料的耐久性。因此，需要采取一定的技术方法将污斑除掉。一般常见的污斑有水斑、泥斑、油斑、蜡斑、霉斑、颜色斑等。除污的方法很多，要视具体情况选用。

1. 机械除污

机械除污是借助手术刀、毛刷等工具，依靠机械的力量，将污斑全部或大部除掉。这种方法一般用于基础较坚固，而污斑易除或污斑较厚的档案。

（1）机械除污时，不需要清理的部分或由于纸面过大需要下一步清理的部分，必须用白纸盖住，以免清理掉的污斑微粒落到这些地方。

（2）使用手术刀除斑时，应使刀刃跟纸面呈很小的角度。通常是从纸的中心向纸的边缘移动手术刀，在有裂伤或重折伤的情况下，要从基础的坚固部分向有折伤或裂伤的那一边移动手术刀，最好让手术刀的移动方向与纸的纵向相一致。

（3）清除下来的污斑微粒，需要随时从档案上加以清除。可用轻毛刷刷掉，或用镊子夹棉球清除，也可将档案立起敲打纸背。

（4）清理带字的部分最好用放大镜。如果字迹是铅笔或易擦掉的字迹，则应特别注意，防止将字迹除掉。

2. 水洗除污

水斑、泥斑和一些能溶于水的污斑，均可用水洗的方法除掉。

（1）采用水洗除污前应试验字迹是否遇水扩散。方法是在一块滤纸上打一小孔，把滤纸放在档案边缘不重要的字上，孔洞要对着字。取另一块滤纸滴 2～3 滴水，压在第一块滤纸孔洞处露出的字上，经一段时间，如果湿滤纸揭开后带有颜色印迹，说明字迹遇水流散。

（2）水洗除污不能只将污斑的部分水洗，否则纸张会发生不均匀的膨胀，造成褶皱或卷起。

（3）水洗时，用一个比档案稍大的瓷盘，内盛蒸馏水（应是中性）。除污的档案要一页一页地洗，将档案从瓷盘边滑入水中，使其完全浸湿并沉入水中，轻轻晃动盘子，即可达到水洗的目的。如果污斑较重，可将水适当加热，以促进污斑溶解。污斑除掉后，可放在清水中再洗一次，然后放在白色吸水纸中压干。

（4）档案纸张强度较差，水洗时应特别注意。为防止取放时使档案遭到损坏，可将档案放在一块稍大的玻璃板上，一同放入水中，取出时可用玻璃板将档案托出。

（5）水洗不仅能清除污斑，还可将档案纸张中含有的酸部分溶解于水中，起到一定的去酸作用。

### 3. 有机溶剂除污

在水中不能溶解的污斑，要使用一定的溶剂才能除掉。酒精或丙酮等水溶剂对去除虫胶、漆、油漆效果较好；憎水溶剂如苯、甲苯、四氯化碳、汽油等，去除油、蜡斑效果较好。

（1）字迹和滤纸相对，选择边缘处一个不重要的字迹，在背面加一块浸过少量溶剂的滤纸，压放一定时间，揭开后如果下面滤纸上出现颜色印迹，说明溶剂对字迹有影响。

（2）溶剂除污只处理污斑处即可，因溶剂易于挥发，不会使纸张过分膨胀而发生褶皱。

（3）处理时，把有污斑的档案放在滤纸上，字向下，从背面用浸有溶剂的棉球擦拭有污斑的地方，污斑被溶剂溶解后，即被滤纸吸收，随即把档案移到干净滤纸的地方，以防止污斑流散。

### 4. 氧化除污

颜色斑、霉斑的色素用溶剂很难除去，需要使用氧化剂。氧化剂除污就是用氧化性的化学药品对污斑色素进行氧化，强行破坏有机色素的发色团，达到除去污斑的目的。

（1）漂白粉去污法。过程是将需要去污的档案浸入清水中片刻，使纤维膨松，污斑浸透，然后放入 0.5% ~ 1% 漂白粉溶液的盆内约 15 分钟，取出用清水洗一下，再放进 1% ~ 2% 的次亚硫酸钠溶液内约 15 分钟，再用清水洗净，夹在吸水纸中干燥即可。

（2）次氯酸钠去污法。过程包括：①将需要去污的档案放进 5% 的次氯酸钠和浓盐酸混合溶液内约 5 分钟（浓盐酸按体积占 0.5% ~ 3%），氧化漂白。②取出后放入含有 0.5 毫升的浓盐酸溶于 2700 毫升水的盐酸溶液内，约 5 分钟，赶氯。③取出后再放进氨水溶液中（2 毫升浓氨水溶于 900 毫升水）约 10 分钟，以中和残存的酸。最后用流水洗涤，夹在吸水纸中干燥。

（3）过氧化氢 – 乙醚乳浊液去污法。过程是取等体积的过氧化氢和乙醚在分液漏斗中混合。混合时先在分液漏斗中放入乙醚，把预先放在另一分液漏斗中的过氧化氢慢慢流入乙醚中，边混合边摇动。混合完毕后，再用力摇动锥形瓶（塞好瓶塞）5 ～ 10 分钟。静置片刻，锥形瓶内混合液体分为两层，下层为未溶于乙醚的过氧化氢，上层为含有过氧化氢的乙醚乳浊液。取出后用有机溶剂去污的方法即可。

（4）二氧化氯去污法。过程是在 2% 的亚氯酸钠溶液中加入 40% 甲醛溶液，体积比约为 40∶1，混合均匀，将去污档案放入，一般为 15 ～ 60 分钟。取出后放在吸水纸中压平。

二氧化氯因其沸点仅为 10℃，可作为气相去污剂，方法是将档案用湿滤纸夹起来，使档案潮湿，然后放在一个密闭容器内，设法把二氧化氯气通进去，通入量和密闭时间可根据污斑情况来控制，一般为 15 ～ 30 分钟。

以上三种氧化剂，其氧化性能比前三种要弱，对纸张中纤维素的破坏作用也较轻，适于清除染料墨水等较易去除的污斑。

## 三、档案的加固与修裱工作

### （一）档案的加固工作

档案的加固有两个内容：一是对遇水、遇热扩散，不耐磨的字迹的加固；二是对机械强度下降的纸张材料的加固。其方法就是在档案上加上一层高分子材料的薄膜，因而加固纸张强度也会起到巩固字迹的作用。巩固字迹的同时会起到加固纸张强度的作用，但重点不同，所用的方法与材料不同。

1. 胶黏剂喷涂法

胶黏剂喷涂法就是把具有胶黏性的化学药液喷涂在档案上，当溶剂挥发后，形成一层薄膜，使字迹得到巩固，纸张强度增加。常用的胶黏剂溶液包括：明胶溶液、聚丙烯酸甲酯溶液、乙基纤维素、有机玻璃。

加固用的胶黏剂应具有以下性能：

（1）要有一定的胶黏性，并能形成柔软而不透水的薄膜。

（2）胶黏剂的成分对档案纸张及字迹无害。

（3）胶黏剂应无色，透明度高，且不变色，不易老化。

（4）具有可逆性。

2. 加膜法

在档案纸张的正、反两面各加上一层透明薄膜，档案被夹在中间，既不影响阅读，又可以提高强度。

（1）热压加膜法。加膜机借助热（一般为 80℃ ～ 150℃）和压力（5 ～ 30 千克 / 平方厘米），使热塑性树脂薄膜与档案纸张黏合在一起（30秒至3分钟），成为一个牢固的整体。

应用此方法，档案需要经高温处理，对纸张耐久性不利。

（2）溶剂加膜法。不用加膜机，使用溶剂将塑料薄膜微溶与档案黏合在一起。

具体做法：将档案、醋酸纤维素薄膜、砂纸按次序放在玻璃板或平滑的桌面上，用棉球蘸丙酮，从砂纸的中心开始向边缘涂抹，再迅速（15～20秒）用拧干的丙酮棉球在表面擦一遍，要给以一定的压力，使三者结合在一起，最后压干。

这个方法可避免档案因高温高压受到损害。但是，丙酮有毒易燃，操作时不能有明火，并要有良好的通风设备。手工操作速度慢、质量差。

（3）丝网加膜法。此法是用蚕丝网（单丝织成的）对档案进行加膜。将档案放在两面喷有乙烯类树脂的丝网中间，上下各放一张氟塑料薄膜，经热压机处理，使丝网上的树脂熔化将丝网与档案粘在一起。

此法既增强了纸张强度，又不影响阅读，轻而薄，丝网耐老化，但为了不影响阅读，丝网用单根蚕丝组成，空隙较大，强度较小。

### （二）档案的修裱工作

修裱技术是我国的传统方法，修裱技术不仅用于档案的修复，还用于图书、字画等。我国的修裱技术在世界上享有盛誉。

修裱方法的优点：第一，修裱方法是以纸张来加强档案的强度，因用的材料和档案制成材料一致，不会产生副作用，而且纸张耐久性较好，不会影响档案的寿命；第二，这种方法是可逆的；第三，设备简单，购置较易，许多工具可以自制；第四，技术不复杂，经过一定时间的训练，就可以基本掌握，因而是目前普遍采用的一种修复方法。

1.胶结成砖档案的处理

揭"档案砖"常是修裱前的重要工作之一。

（1）干揭法。干揭只适于黏结不太严重，页与页之间仍有缝隙的档案，或者是字迹遇水扩散的档案。

干揭法就是用竹扦子从页的缝隙处慢慢伸进去，左右移动，从而把文件揭开。

揭时，竹扦子移动要稳，并应紧贴下页档案，不要往上挑动，以免挑坏档案。最好先从字的两边揭起，即字行之间揭起，然后再揭字的下面。由于两边已经揭动，所以字的下面就较易揭开，而不会把字揭破。

若有揭下的字迹，必须记住位置，不能错放，待修裱时对在原处。

（2）湿揭法。黏结得严重，页与页之间无缝隙的成砖档案，须用湿法揭，但要注意字迹是否遇水扩散。

第一，沸水冲。沸水冲是依靠水的渗透力和温度，把成砖档案中的胶黏物和杂质溶解并冲掉，从而能够揭开。这种方法还具有清除档案上的污物、杂质的作用。但是，档案受高温和水的共同作用，纸张、字迹均受影响。

具体做法：将一块木板放在盆中，成45°角。木板上放麻纸，然后放上"档案砖"，再放上麻纸，用沸水从"档案砖"上边的缝隙处冲，水流要缓慢，以免将档案冲跑。冲完一面再冲一面，至水净为止。

冲后档案很湿不能马上揭，易揭坏。也不能等干了再揭，干后就又粘在一起了。正确的做法是晾八九成干，用针挑起一个小角，轻轻揭起，遇有黏着的地方用镊子帮助揭开。

第二，蒸汽蒸。依靠水蒸气的渗透力熔化"档案砖"中的胶黏物而便于揭开。

方法：用麻纸将"档案砖"包好，放在笼屉里蒸，一般40分钟左右即可，蒸后要在蒸汽未散时及时揭开。

第三，溶剂浸泡。当"档案砖"上的胶黏物难溶于水时，可用有机溶剂浸泡，使胶黏物溶解，而便于揭开，但要注意字迹是否会扩散。

2.胶黏剂的制备与修裱用纸

（1）胶黏剂的制备。修裱是依靠胶黏剂使档案与修裱用纸牢固结合，从而起到增加档案纸张强度的作用，因而胶黏剂的好坏直接影响修裱质量。

修裱用的胶黏剂是一种特制的淀粉糨糊。淀粉糨糊胶性小，无麸皮，修裱出的档案柔软不变形，而且经若干年后必须重托时，仍能揭下来。一般的糨糊因未除面筋，胶性太大，修裱时不便于操作，易使纸张发皱不平整，修裱的档案较硬。

淀粉糨糊配方：小麦淀粉20克，甘油1毫升，明矾0.05克，乙萘酚0.5毫升，水90毫升。

配制糨糊时应注意温度，不要超过70℃，温度过高会使黏性降低。糨糊的浓度可根据纸张的厚薄和吸水性能来调制。

（2）修裱用纸的选择。

第一，修裱实际上就是用纸张进行加固。用纸选择十分重要，选择适当的纸张对延长档案的寿命有很大关系，选择不当会缩短档案的保存期限。

第二，修裱用纸应符合下面一些要求：①纤维素含量高，化学杂质少；②纸张应是中性或微碱性；③纸张薄而柔软，强度好。

第三，托裱用纸常用棉连、单宣、夹连，其均为宣纸，棉连较薄，单宣、夹连较厚。这种纸杂质少，纤维长，纸质薄软而韧，色洁白，经久不变。溜口常用河南棉纸，这种纸纤维长，拉力大，薄而柔软，只是有的会有沙子或小疙瘩，使用时应除掉，是溜口较理想的纸张。

## 四、档案保存场所的管理控制工作

### （一）档案库房建筑与设备

档案库房建筑与设备是改善档案保护环境的物质条件。库房建筑是否符合要求、设备是否合理，将直接关系到档案保护环境的好坏。因此，档案库房建筑与设备是档案保护学的重要内容之一。

1. 档案库房建筑

档案库房是保存档案的重要基地，随着档案馆（室）馆藏数量的不断增加，以及改善档案保护条件的需要，各地都在兴建新的档案库房。如何在有限的投资条件下，建造出比较理想、基本符合档案保护要求的库房，是建库中需要解决的重大问题。

库房建筑在档案保护中具有特殊重要的地位，原因在于两个方面：①库房建筑是档案保护技术中长期起作用的因素；②库房建筑的好坏将直接影响到库房管理措施的繁简、效果和费用。档案库房建筑地址的选择是一个既重要又复杂的问题。

（1）防水、防潮。根据档案库房防水、防潮的要求，库房地址不应选在靠近江河湖泊或地势低洼的地方，以防水患。另外，库房地址不应选在地下水位高的地方，以免地下水通过库房地面影响库内，使库房潮湿。

（2）避免有害气体及灰尘。为了避免有害气体及灰尘对档案的不利影响，库房地址不应选在靠近工矿企业的工业区，也不应在其下风处。因为有害气体及灰尘主要来自燃料的燃烧和工业生产过程中的排气排尘，因此，工业区的空气污染一般都是比较严重的。

选址时应取得周围环境的监测数据，证明该地区无大气污染的情况。若没有现成数据，可请环保部门进行大气监测。

选址时还应向城建部门了解情况，以保证在周围一定的距离内，目前和远景建设规划中都不会有产生大量有害气体及灰尘的工矿企业。

（3）安全与防火要求。为了确保档案的安全与防火的要求，选择地址时应注意周围环境，不宜选在城市繁华的中心区。库房建筑应与其他建筑保持一定的距离，并且不应暴露在临街的位置上。目前，有的新建库房不仅处在城市的主要街道旁，而且临街的一面开有较大的玻璃窗，这是很不安全的。

（4）注意交通方便。为了便于提供利用，库房地址最好不要选在远离城市的地方，且应注意交通方便。过去出于战备的考虑，有些档案馆（室）建在远离城市几十公里的郊区，实践证明这样不仅使利用档案十分不便，而且也给工作生活带来一定困难，即使从战备考虑，上述做法也不一定能保证安全。目前，有些档案馆（室）在新建库房时改在市区，设置一层、二层地下库，并与人防工程接通，必要时档案可通过人防工程转移出去。这样既注意了战备，又方便了利用。

（5）留有扩建空地。从档案馆（室）长远发展考虑，由于不断接收档案进馆，库址周围要留有以后能扩建库房的空地。

2. 档案库房设备

以空气调节装置为例，空气调节装置是使档案库房取得符合保护要求的气候条件的理想设备。空气调节的目的是使室内空气的温度、湿度、洁净度和流动速度符合一定的要求。

（1）空气的加热。在空调系统中加热空气大都是使空气在空气处理室内流过加热器而实现的。加热器的热媒为蒸汽或热水，在电能便宜、需要局部加热和自动控制的场合也可采用电加热器。

（2）空气的冷却。在空气调节中，空气的冷却处理过程用得较多，尤其是我国南方地区，这不仅是空调技术的重要问题，还与空调设备及运行费用的关系极大。

冷却空气的冷源有天然冷源（深井水等）和人工冷源（制冷设备）两种。冷却空气的方法有以下三种：喷水室处理空气、水冷式表面冷却器冷却空气、直接蒸发式冷却器冷却空气。

（3）空气的加湿。调节空气的湿度是空气调节的任务之一。例如，在干燥季节对空气进行加湿处理；在潮湿季节、潮湿地区和地下建筑等，又要求对空气进行减湿处理。

空气的加湿可以在空气处理室对送入空调房间的空气集中加湿，也可以对空调房间内部的空气直接进行加湿，即局部补充加湿。

给空气加湿方法很多，除喷水室加湿外，还有喷雾加湿、蒸汽加湿以及水表面自然蒸发加湿等。其加湿原理，或是由水吸收空气中的热量而蒸发加湿，或是利用外界热源产生的蒸汽混入空气来加湿。

（4）空气的减湿。空气减湿的方法很多，需要有选择地使用，如：液体吸湿剂减湿、固体吸湿剂减湿、冷冻除湿剂减湿、升温减湿和通风减湿。

（5）空气的净化。一般说来，空气调节工程的主要矛盾是空气的湿度处理与调节。由于处理空气的来源是新风和回风的混合空气，而新风受室外环境中灰尘的污染，室内空气因人的活动等发生污染，所以空气调节系统中一般除温湿度处理外，还应设有净化处理。

## （二）档案库房的管理内容

### 1. 库房编号和排架

库房统一编号有利于库房的科学管理。库房编号有两种方法：一是为所有的库房编一总的顺序号，编顺序号适合库房较少的档案馆（室）；二是根据库房所在地的方位及库房建筑的特征进行分区编号，如："东一楼""灰二楼""红三楼"。楼房可以编层号，每层房间从左向右顺序编号；平房应先分开院、排，然后自左而右统一编顺序号。

库房中的档案架（柜）箱等装具应该排列有序，统一编号。不同规格、不同式样的档案架（柜）箱应该分开排列，尽量做到整齐划一。档案架（柜）、箱的排列应注意充分利用库房的地面和空间，同时要便于档案的搬运和取放，不宜太松或太紧。采用固定式档案架，架（柜）子之间主要过道的宽度应便于手推车的通行。固定档案架（柜）架间通道比装具占地多，通道经常闲置是很大的浪费。为了挖掘通道面积的潜力，可以采用活动式密集架。当需要进入某排架间时，只要离开相连的架车，在该处即闪出一条通道来。库房内档案架（柜）箱的排列要避开强烈光线直射，同时注意勿使档案柜、架的排列有碍通风。

### 2. 全宗的排列与档案的上架

在档案馆（室），档案是以全宗为单位进行排列的。档案应按全宗进行排列，并不是说在任何情况下每一个全宗的全部档案都必须放在一起。在某些特殊情况下，各种不同类型的档案，如：影片、照片、录音档案、技术图纸以及会计档案等，可以分别保管，但应在全宗指南、案卷目录说明中有所交代，并在全宗末尾放置参见卡片，指明存放地点，以保持应有的联系。

全宗的排列基本上依照进馆档案的先后顺序，但在同时进馆档案当中应力求按同系统的全宗排列。

全宗位置确定以后，就可以组织上架。上架的次序应根据档案架（柜）箱以及栏、格的编号次序进行。目前，档案馆（室）采用较多的还是分类排架，这种排列方法便于按档案全宗、类别检索，缺点是分类货架费时费力，而且事先预留空位很难做到准确。为了克服这些弊病，有些档案馆（室）采用"流水排架法"，即按档案进馆顺序流水排列。为了解决查找、利用问题，可以编制各种检索工具与存放地点索引，从不同角度满足档案利用者的各种要求。

存放方式可以采用竖放与平放两种方式。竖放是目前采用比较广泛的一种方式，它的优点是便于存放和检索档案；平放的方法虽然取放不太方便，但对保护档案是有利的，这种方法适合保管珍贵档案和不宜竖放的档案。平放档案是为了避免档案承担过重的压力，堆叠的高度以不超过 40 厘米为宜。

3. 档案代理卡

在档案馆（室）的内部工作中，有时需要将库房中已排架分类的档案暂时移出库外。为了便于库房管理，工作人员要掌握档案流动情况，做好安全检查工作，填制一种卡片放在档案原来存放的位置上，这就是通常所说的"代理卡"或"代卷（件）卡"。有时用较醒目的红、黄、绿、蓝等颜色的卡片以示区别。其主要项目有：全宗号、案卷目录号、卷号、移出日期、移往何处、经手人、归还日期、签收人等。

档案代理卡是一种简便适用的管理工具。如果案卷经常调出或归还，不用代理卡则往往会出现虽能在案卷目录上查出，到架上提取案卷时却没有案卷的情况，库房管理人员也会因不知是丢失还是借出而心中无数。

4. 全宗卷

它是档案馆（室）在管理某一全宗过程中形成的，能够说明该全宗历史情况的各种文件材料所组成的专门案卷。档案馆（室）对其保管的每一个全宗（至少是较重要的全宗）应该建立全宗卷。档案馆（室）在管理某一全宗过程中产生的与该全宗历史有关的文件材料，对管理、考查和利用该全宗的档案具有凭证与参考作用。尤其对于档案库房管理来说，不会因为工作人员的变动而失去了继续工作的条件。恰恰相反，在档案工作人员变动的情况下，可以通过全宗卷了解过去管理该全宗的历史情况，以缩短熟悉工作情况与档案情况的时间，进一步提高工作效率。全宗卷通常包括：

（1）在收集工作中产生的文件材料，如：档案移交书和移交目录。

（2）在档案管理工作中形成的文件材料，如："整理工作方案""立档单位和全宗历史考证""类型划分方案"。

（3）在档案鉴定中产生的文件材料，如："鉴定档案材料分析报告""档案销毁清册"等。

（4）在档案保管、统计工作中形成的文件材料，如："档案安全检查记录""档案数量与状况统计"等。

（5）在档案提供利用工作中所形成的文件材料，如："全宗指南""机关工作大事记""机关组织沿革"。全宗卷的建立是一个由少到多、由简到繁、不断积累、逐步完善的过程。全宗卷不宜像一般案卷那样用卷皮装订起来，只宜用活页夹或以盒、袋形式保存起来，这有利于全宗卷文件材料的不断补充和整理、鉴定工作的进行。全宗卷内的材料积累到一定程度时应该进行清理。如果文件数量很多，也可以陆续分成若干卷。每个全宗的全宗卷可按全宗号进行排列和专柜保管，也可置于每个全宗排列的卷首，以专柜分别保管较为适宜。

## （三）档案库房的防光及防有害气体与灰尘

### 1. 档案库房的防光

（1）光对档案制成材料耐久性的影响。光是影响档案制成材料耐久性的因素之一，它不仅会使档案纸张材料强度下降，而且会使档案字迹发生褪色。各种纤维素经过阳光一段时间的照射后，其机械强度都会比原来降低50%。档案字迹材料，特别是以有机染料为色素的字迹材料，在一定时间的光照后都会发生不同程度的褪色。

光对档案制成材料耐久性的影响表现在三个方面，具体如下：

第一，光辐射热。光具有能量，当其向外辐射时会产生热效应，可见光与红外线热效应较大，被称为热射线。这种光辐射热会影响档案制成材料的耐久性。耐热性差的字迹也会因辐射热的影响而发生褪色、扩散等现象。

第二，光氧化。聚合物在含氧的环境中受到光的照射时，就会发生光氧化反应，经常引起聚合物的断链或交联。档案纸张材料中的纤维素发生光氧化反应时，会产生氧化降解，变为易碎的氧化纤维素，从而影响纸张的强度和耐久性。字迹材料在光氧化作用下也会产生褪色现象。

第三，光能的破坏作用。光是具有一定能量的，不同物质在一定能量的光的照射下会引起化学变化，以致遭到破坏。紫外线波长短而能量最大，足以使档案制成材料遭到破坏。它不仅具有使档案纸张材料中纤维素的碳键断裂的能量（58.6千卡/克分子），而且具有使纤维素线性链断裂的能量（80千卡/克分子）。由于紫外线能量大，会使档案字迹材料色素成分中的发色团遭到破坏，从而引起褪色，因此档案库房防光的重点是防紫外线。

（2）防光的措施。为了防止或减少光对档案制成材料的破坏作用，一般可采取以下措施：

第一，为了防止阳光的直接照射，库房的窗子要少，东西向不宜开窗，南北向的窗子要小而窄。在窗上可采取遮阳措施，以太阳光不能直接照射在档案架上为宜。

第二，为了防止或减少漫射（散射）光中的紫外线进入库内，在库房窗玻璃上应采取如下措施：①在库房窗子上加设窗帘或百叶窗，可以减少紫外线的透入。也可在库房窗子上设置木板窗或铁皮窗，当库内不须使用自然光源时，可将木板窗或铁皮窗关上，以防止紫外线的透过。②库房窗子使用磨砂玻璃、花纹玻璃等，因其表面粗糙不平，对光线可产生重复反射，从而减少透过量；也可使用有色玻璃，不同颜色的玻璃对可见光中的各种颜色光的透过情况不同，如：红色玻璃可以透过可见光中波长较长的红光，而对波长较短的蓝紫光具有吸收作用。一般以用红、绿、黄色玻璃为宜。另外，以白铅粉和桐油相混合（2∶1），用汽油稀释涂在玻璃上，也可过滤掉一部分紫外线。③在库房窗玻璃上涂刷紫外线吸收剂能取得更为理想的效果。紫外线吸收剂的作用相当于一个紫外线滤光片，能把大部分紫外线都过滤掉。紫外线吸收剂首先应具有足够的光稳定性，其次要对对有机物最有害的波长范围内（一般为 300～400 纳米）的光具有较强的吸收能力。这样只要有很小的用量，就能起到足够的光稳定作用。另外，紫外线吸收剂完全可以透过可见光，不影响库内采光。

从化学结构特征来说，紫外线吸收剂有邻－羟基二苯甲酮类、邻－羟基苯并三唑类等。

第三，为了防止或减少人工光源中的紫外线，库内使用人工光源时，以用白炽灯即普通的钨丝灯泡为好，不宜使用日光灯，因为日光灯发射出的紫外线比白炽灯多。

白炽灯发出的可见光成分中，长波光谱强、短波光谱弱，与天然光相较差别较大，呈红色。因此，相对来说紫外线所占比例较小。库房人工光源如用日光灯，应有一定的防护措施，可用含有紫外线吸收剂的薄膜把整个管子包裹起来。

2. 防有害气体与灰尘

空气中的有害气体和灰尘是影响档案"寿命"的因素之一。虽然它对档案制成材料的破坏作用在一般情况下是比较缓慢的，不易被人们所察觉，但它确实每时每刻都在影响档案制成材料的耐久性。有害气体与灰尘和大气的洁净程度有关，随着工业的发展，在城市中大气污染问题日益严重，有害气体与灰尘对档案制成材料的不利影响也日趋突出。因此，防有害气体与灰尘也是改善档案保护条件、延长档案寿命的一项重要措施。

（1）有害气体的来源及对档案制成材料耐久性的影响。空气正常成分以外的气体状污染物质被称为其他气体成分或不纯部分，其中危害性大的气体污染物质被称为有害气体。纸张是多孔的物质，它的孔洞以及纸张之间都有空气。在大气压力变换的情况下，纸张内的空气也在不断变换。这时，有害气体也会进入纸张而被其吸收。有害气体会从浓度较高的地方移向浓度较低的地方，由于纸张能迅速吸收有害气体，而使纸张表面上的有害气体量等于零，因此有害气体便不断地移向纸张。单位时间内有害气体的移动量与移动的面积和单位长度（1 厘米）内有害气体的浓度差成正比。

酸性有害气体被纸张吸附后，与纸张中的水分作用生成酸，进而使档案纸张材料的酸度增加。酸是促使纸张中纤维素水解的催化剂，其含量的增加会使档案纸张材料强度下降，耐久性降低。同时，还会使耐酸性较差的字迹材料（如复写字迹等）发生不同程度的褪色。

氧化性有害气体所产生的初生态氧或臭氧都是氧化剂，会使档案纸张材料中的纤维素被氧化而强度下降，进而降低其耐久性。一些字迹材料中的色素也会因被氧化而发生褪色。

（2）灰尘的来源及对档案制成材料耐久性的影响。灰尘也是空气中的一种有害杂质，灰尘是一种固体杂质，它的形状是不规则的，多是带有棱角的粉粒。在整理、保存、利用档案的过程中，随着移动和翻阅，就会引起落在档案上的灰尘颗粒对档案纸张的摩擦，使档案纸张材料受到损坏。同时，纸张表面摩擦起毛后，也会影响字迹的清晰度，一些牢固性差的字迹（如铅笔字迹）则更易被摩擦掉。

灰尘一般都能吸附空气中的化学杂质而带有酸、碱性，有些灰尘本身就带有酸、碱性。因此，灰尘落在档案上，就会给档案带来酸或碱，从而对纸张和字迹产生破坏作用，当库房潮湿且纸张含水量大时更甚。

灰尘会脏污档案。灰尘多是一些带有颜色的细小颗粒，落在档案上，就会使档案的纸张逐渐变为灰色，严重时会影响字迹的清晰度。

灰尘是霉菌孢子的传播者和微生物寄生和繁殖的掩护所，霉菌孢子能附着在灰尘上到处传播。

3. 防有害气体与灰尘的措施

（1）正确选择档案库房的地址。正确选择档案库房的地址是防有害气体与灰尘的经济而有效的办法。档案库房的地址应该选择在不产生大量有害气体与灰尘的地区，不要把库址选在工业区、大居民点或繁华的街道上。档案库房应建于这些地区的上风处，可大大减少有害气体与灰尘的影响。

（2）档案库房要实行密闭。档案存放可采取密封的或相对多层密封的方法，如：用档案柜、档案箱、档案盒等，以减少有害气体，特别是灰尘对档案的破坏。国外也有用塑料薄膜密封保存档案的。

（3）绿化植物对环境保护有着积极的作用。对档案库房周围进行绿化，可以减少有害气体和灰尘对库房的影响。绿化植物可以吸收有害气体。因此，植物吸收二氧化硫的能力也比其所占的土地面积的吸收能力大得多。

植物，特别是树木，对灰尘有明显的阻挡、过滤和吸附作用。树木的减尘作用表现在两个方面：一方面，树木的枝冠茂密，具有强大的减低风速的作用，随着风速的降低，空气中携带的大粒灰尘就会下降；另一方面，叶子表面不平，有些植物叶面表面多褶皱，有的树叶表面粗糙，有的树叶表面有绒毛，还有的树叶能分泌油脂等，这些特征都有利于阻挡、吸附和黏着灰尘。花卉和草皮也有一定的吸收有害气体和滞尘作用。因此，植物是大气的天然净化器和过滤器。

（4）净化与过滤灰尘与有害气体。使用空调装置净化和过滤灰尘与有害气体，一般能收到较理想的效果。这是使空气通过过滤器而实现的。

（5）防止库房建筑内表面起尘。库房应选用质地坚硬耐磨、光滑易清洗的材料做围护结构的面层，以防建筑内表面起尘。这样做会使建筑投资增加，应根据条件，因地制宜采取适当措施。目前，有些档案部门采用高分子有机涂料，喷刷库房地面或墙壁，这种方法比较经济，可以收到一定的效果。

（6）档案材料入库前应进行除尘处理。进入库房的工作人员应换工作服和拖鞋，必要时可在库房的入口处加设吹淋室（专门的"风浴"设备），用以吹除进入库房的人员和档案材料表面附着的灰尘。此外，经常做好库房清洁卫生工作，也能有效地降低库内的含尘量。

# 第三节　档案管理人员的能力培养

## 一、档案管理人员职业素养培养

### （一）档案管理人员职业素养的现状

档案管理人员的职业素养，是指档案管理人员在从事档案管理相关工作所需要具备的素质以及修养。随着社会进步，各种职业为人们提供了生存的基本条件，而要从事这些职业，就必须要有基本的职业素养，如此才能够更好地完成相关工作。通常情况下，档案管理人员职业素养分为七个部分，分别为思想政治素养、职业道德素养、专业技能素养、科技文化素养、人际交往素养、生理心理素养以及学习创新素养。这七大素养是档案管理人员高效完成相关工作重要支撑，也是社会对于该岗位人才的基本要求。对于档案管理人员来说，职业素养会直接影响到档案管理工作效率，也会对管理工作质量以及水平产生一定影响。

随着社会各界对于档案管理工作重视程度的提高，越来越多专业档案管理人员走上了工作岗位，这部分人员有足够的知识储备，拥有专业且系统的档案学知识，对档案管理相关法律法规也非常了解，能够熟练运用自己学习的知识来完成档案管理工作。由于这部分人员较为年轻，因此他们更容易适应信息技术给档案管理工作带来的便利，也能够将互联网技术和档案管理技术进行融合，更适应互联网环境下的档案管理运作模式。除去这部分专业人员以外，档案管理从业人员也有不少是通过转岗或是兼职的形式到岗，这部分人员由于没有进行系统的专业知识学习，因此业务素质不高的情况比比皆是，加之年龄较大，对于先进技术的接收能力较弱，难以满足现代化的档案管理需求，使档案管理工作开展受到一定阻碍。因此，就目前情况来看，档案管理人员职业素养的提高势在必行，这也是档案管理工作进一步发展的重要因素，更是发挥档案重要作用的关键所在。

### （二）档案管理人员职业素养和能力培养策略

#### 1. 把好人员入职环节，提升专业技能

为了进一步提高档案管理工作效率，提高从业人员的职业素养以及能力，必须要做

好从业人员入职的相关工作。档案管理相关部门需要规范档案管理从业人员的准入规则，要设立一定的门槛，把好岗位人口，从根源解决职业素养问题。新的从业者应当是本专业或者是相近专业的专业人员，而转岗人员也应当经过正规培训，并且获得相应的职业资格证书，方可从事档案管理。

档案管理部门在员工新入职时，应当做好岗前培训相关工作，其中包括相关法律法规的学习，以相关法律法规为基准，学习专业的档案管理相关知识，也需要学习现代档案管理技术以及其他学科的专业知识，进一步完善从业者的知识结构，让其充分认识到档案管理的重要性，并且具备一定的档案管理能力。在入职以后，部门应当定期举办培训活动，并且组织职工参加专业机构举办的培训活动，同时要积极组织企事业各单位间的交流活动，探索档案管理的先进技术以及更好的管理办法。相关部门要出台政策，鼓励从业人员不断进修，提升自己的专业技能，促进从业者自身素质的全面提升。

2. 恰当的激励制度，营造良好工作氛围

就档案管理从业人员角度看，如果上级赏罚分明，工作环境舒适，晋升空间充足且福利待遇良好，那么在工作中也会更有动力。因此，档案管理部门需要建立合理的绩效评定规则，要做到赏罚分明。绩效考评的主要内容要与岗位职责以及工作目标一致，重点在于岗位职责的考核以及工作成绩的考核。考核成绩可以按比例进行汇总，分为日常考核、月度考核、季度考核以及年度考核等。依照人力资源管理的相关理论，推动人们努力工作的最主要动机依然是回报，而绩效考核的结果也需要与回报挂钩，这对于档案管理人员在工作岗位的成长以及发展来说至关重要。

考核人员必须要及时将考核结果反馈给对应的负责人，对于从业人员的优点，要给予充分肯定，要给出实例作为补充，不可空谈，这对其他职员有激励作用。除此以外，对于职员存在的缺点以及不足之处，相关领导也要明确指出，同时还要了解问题的原因，要认真听取职员对工作状态改进的看法，也要倾听职员对于自己工作能力以及工作方法等的想法，对于有利于工作发展的建议，可以适当采纳。考核结果要与奖惩制度挂钩，也要与职位晋升以及薪资调整挂钩，充分体现多劳多得、有付出就有收获的原则，要打破原有僵化的用人管理模式，利用激励机制与考评机制配套施行，在本部门内创建良好的竞争环境，充分调动岗位从业人员的工作积极性，只有如此，才能够让档案管理工作进入合理轨道，才能进一步提升档案管理人员的自信心。

3. 增强人员素质，提高职业道德素养

职业道德素养是会受到周遭环境的影响而改变，因此增强职工素质，提高职业道德素养必须要从环境着手，良好的工作环境不仅能够凝聚工作人员的心，还能够塑造合格的档案管理人员，更能够进一步推动档案管理工作的良性发展。

档案管理人员要做好相关工作，扎实牢靠的专业技能是必需的，但是日常工作中养成的职业道德也是必不可少的。部门领导可以通过组织各类型与职业道德素养有关的活动、讲座甚至是交流会，让职员清楚地知道档案管理工作的重要性，强化职员的工作意识，让职工时刻严格要求自己，在原则性问题上要摆正态度，追求工作中的每一个细节，从日常工作的方方面面体现一个合格的档案管理从业者的高尚素质，要时刻牢记职业道德的重要性，更好地服务于档案管理工作。

### 4.加强人员学习，提升自身综合能力

当前社会发展已然进入快车道，因此档案管理工作人员也不能够止步不前，而是需要不断进行学习，不断提升自己。单位要激励档案管理人员自主学习，不能过度依赖集中培训等方式被动接受知识，而是需要根据自己的实际情况进行学习目标的自主选择，也需要根据自己所确定的目标来选择有效的学习内容，搜索学习资源，提升自己的综合能力。将自主学习与档案管理工作相结合，实际上就是在不断地获取新知识，不断提升自己，特别是在出现新技术、新理论时，自主学习方式能够更好地帮助从业人员将知识内化，进一步提升自己的工作能力。除此以外，档案管理部门领导还需要了解工作人员所需，以岗位能力的提升为主要目标，分阶段安排培训学习。当档案管理工作出现新理论以及新技术时，要及时组织员工共同学习讨论，并且根据全新的理论以及技术，订正现有的档案管理工作相关规章制度，完善各种管理规范内容，不断提升档案管理人员的工作能力。在阶段性工作完成以后，企业可以了解员工对于培训的需求，清楚分析工作过程中存在的不足，并且组织有针对性的培训学习活动，让员工有针对性地提升某一项技能。而对于部分通过自我学习提升综合素质的职工，要给予恰当的鼓励，也可以将这部分结果体现在绩效考核之中，并恰当给予鼓励，以此激励从业人员提升自身的职业素质。

总之，时代在不断改变，科技也在不断进步，随之而来的是新机遇和新挑战。档案管理工作对于企事业单位的发展来说尤为重要，也关乎个人的发展，因此档案管理人员必须充分认识到档案管理工作的重要意义，要不断提升职业素质，也要不断加强自己的工作能力，以适应新时代档案管理工作需求，为档案管理工作提供更好的服务。

## 二、档案人员的胜任力构建

馆员是档案与档案利用者之间的桥梁，馆员的能力素质决定了服务的能力，优质人力资源的占有量逐渐成为衡量一个组织的重要指标。基于胜任力的人力资源管理更加注重馆员的全方位发展，对馆员的岗位胜任要素提出了更高的要求，怎样激发馆员的工作激情和积极性，提升馆员自身的工作能力和档案馆（室）的综合竞争水平成为了管理者面临的首要难题。

胜任力理论作为如今各国企业人力资源管理的重要工具有其独到的优势，能为档案工作人员工作分析、人员招聘、培训、绩效管理和晋升等方面提供强有力的依据，能使得

每位员工都能更好地与岗位匹配和发展，从而为档案事业的发展做贡献。

新时代档案种类和来源的多样化，对档案工作者胜任力提出了更高的要求。构建档案馆（室）工作人员胜任力模型符合时代发展的潮流，且对完善档案馆（室）人力资源管理有重要的意义。人力资源管理的各个环节包括人员选拔、培训、绩效考核、薪酬与福利等，其中，根据胜任力模型的特点和其他领域的应用经验，结合体制框架，可以在档案人员选拔、人员培训发展及考核方面发挥一定的作用。

**（一）胜任力模型的作用**

*1.档案人员选拔方面的作用*

档案工作人员选拔作为人力资源管理环节的前置步骤，可以说为之后的各个环节打下了基础。招聘过程中除了对应聘者知识、技能等显性要素进行考察，还要结合岗位胜任模型对应聘者的一些隐性要素进行甄别，从而录用胜任要素匹配度高的人，降低后期培训的投入。招聘过程中要引入竞争机制，本着公平、公正、公开的原则，合理配置年龄结构、学历结构和性别结构。

（1）开发笔试样本。通常档案馆（室）招聘工作人员的第一环节就是笔试，在笔试环节可以着重考查求职者有关知识和技能方面的掌握程度。

（2）心理测评内容。此环节主要是为了筛选出具备良好动机，个人性格和价值取向适合档案工作的候选人。现今大部分的公司都十分重视心理测评环节，并且把这个招聘环节放在笔试之后、面试之前。档案馆（室）在招聘上其实是有一定自主能动性的，可以考虑添加发放心理测评问卷环节，从而考查应聘者胜任力的"隐形特征"。

档案馆（室）可以组合利用市面上已经成熟的测评工具，比如，MBTI试题、霍兰德职业兴趣测验、生活特性问卷等。或者结合自身需求和胜任力模型要素，开发适合自己的心理测评问卷。

（3）面试问题题库。通常档案馆（室）的面试环节是比较重要的环节。结合胜任力模型，档案馆（室）可以开发属于自己的常用胜任力要素面试题库，然后根据当年的招聘岗位需求匹配合适的面试题。

*2.人员培训发展及考核方面的作用*

档案工作人员胜任力模型的产生可以推动档案人员不断反思自我、完善自我，以及所在档案机构对其制订较为明晰的发展计划，进行更有针对性的考核和培训。

（1）人员培训。培训是人力资源管理的核心环节，档案馆（室）为其员工提供培训是为了通过培训手段，提升员工对档案工作的职责和任务的了解，从而满足岗位胜任力的要求。培训需求包括档案机构自身与档案工作人员本身。短期的培训只能对馆员的知识和技能等显性特征加以提升，但深层次的自我个性、特征及动机还得通过长期的培训熏陶才能有影响，所以管理者应该综合考虑档案馆（室）的发展规划及馆员个人的职业生涯规划制定长期有针对性的培训；培训过程中及结束后都要对培训效果进行及时评估考核，以确保达到想要的培训效果。

（2）绩效考核。绩效的考核实施应该是一个连续的过程，只有在日常业务活动中也重视绩效的记录，才能更大限度地的提升馆员们的工作效率。考核不应该仅限于每年一次的评定，而是应该注重档案工作人员的日常行为和工作态度，结合内部和外部评定，才能给出一个相对公平的考核结果，这样有利于提高档案工作人员平日的工作积极性，有力推动档案机构的工作进展。

健康的绩效考核应该是一个能及时根据反馈进行不断调整完善的机制，考核内容及其重点，需要根据档案机构的实际情况和需求进行一定程度的调整；对档案工作人员的考核结果，需要及时反馈给个人，这样才能让其明确工作方向，坚定工作目标，学习优秀绩效者的工作态度和行为，从而不断提升工作水平，在下次的考核中，能取得更好的考核结果，得到进一步提升的方向。只有完成这样的良性循环，绩效考核才能充分发挥其存在的意义，提升档案机构的整体工作水平。

### （二）档案工作人员胜任力的提升保障

档案工作人员胜任力模型的构建并不只存在于技术层面，还需要制度、人员、资金方面的配合，才能在适合的环境内发挥其最大的效用。

#### 1. 制度保障

建立基于胜任力模型的人力资源管理体系，在工作人员选拔和培养发展、绩效考核上，都充分认识到胜任力模型能发挥的作用。

档案馆（室）的领导决策层，应该及时联系档案馆（室）有关人员，召开研讨会或者其他类型会议，对胜任力模型能在该档案馆（室）所发挥的作用进行讨论和假设，在论证该档案馆（室）确实有开发胜任力模型的必要的前提下，进一步讨论如何才能建立起科学合理的规章制度来保障模型的构建与推广应用，让各个工作者都能更快地理解胜任力模型，并且认识到这是有利于自身的发展和工作的提升的。

相关的制度内容可以具备以下几个内容：

（1）介绍胜任力模型在馆内的工作各个环节的应用。比如，在人员聘用环节，制定正式的文件，文件中根据胜任力要素来详细说明招聘人员要求。

（2）说明胜任力模型不是一成不变的，它的构建和完善需要各部门科室的配合来进行。上至馆长，下至兼职档案员，都可以是模型构建和应用的参与者。为了推动其发展，鼓励各部门的沟通和协作。

（3）对资金的使用，人员的管理都需要有成文的规定，应建立起监督机制。

2. 资金保障

各个档案馆（室）构建胜任力模型是需要一定的资金支持的，并不是各个档案机构都适合在本阶段开发胜任力模型。

在构建胜任力模型的过程中，可能会涉及专家咨询费用、各项会议与研讨费用、差旅费用等，如果本馆内没有经验丰富的善访谈者，在资金充足的情况下，还需要聘请专门的人员或者团队去完成行为事件访谈或关键事件访谈的过程。对相关数据的分析还可能涉及相关分析工具的使用费用。若统一将构建模型的项目外包则更是需要有一定资金的支持。

模型构建完成后也不是一劳永逸的。随着大环境的变化和档案工作的推进，随时需要对胜任力模型进行更新和改进，档案馆（室）需要有比较完备合理的资金使用机制。

3. 人才保障

人才是档案机构最重要的资源之一。首先，胜任力模型是针对一定规模的组织和人员开发的；其次，胜任力模型的开发过程是由相应的人员组织并参与的。

档案馆（室）如果有人力资源管理背景和经验的人才，则可以省去一大笔的聘用外部专家的费用。建模涉及一系列信息收集、信息处理、信息总结的内容，各类调研方法的应用（包括问卷的设计与分析、访谈的设计与记录、专家的征询和研讨等）。必须有专门的建模小组去负责这一系列的活动，而小组成员会是从各个部门中选出的善于沟通与协调和复杂问题处理的人才。不仅如此，模型开发所要研究的对象也是馆内的工作人员，被访者需要有清晰的思辨能力和语言表达能力，才能更快地推动胜任力要素的采集过程。

## 三、档案专业人员的继续教育优化

档案专业人员希望未来继续教育能够满足自身以下方面的需求：①能够满足档案专业人员随时随地学习的需要；②能够采取更加丰富的教学手段，重点加强远程继续教育在档案专业人员继续教育中的应用；③能够设置更加全面、更具前沿性且符合档案专业人员自身工作需要的课程内容；④提供更加强大的师资力量。为适应时代的发展，档案专业人员需要具备更加全面的素质，因此，档案专业人员继续教育的内容也应进行扩展。

### （一）内容的全面化

1. 公需科目相关内容

公需科目是指国家、省市统一要求全体专业技术人员应该掌握的通用知识和技能，公需科目具体内容包括政治理论、法律法规、职业道德、信息技术等，下面对继续教育公需科目进行简单介绍：

（1）政治理论方面的内容。开展政治理论教育的目的是使档案专业人员把握正确的政治方向。随着时代的进步，中国共产党领导下的中华民族与时俱进，作为人民中的一员，档案专业人员的政治思想也应与时俱进。同时，档案工作的特殊性更加要求，未来的档案专业人员应当是政治理论丰富、政治立场坚定的职业档案人。因此，政治理论的学习必不可少。

（2）法律法规方面的内容。思想是行为的先导，而法律则是有绝对强制力的健全的"思想秩序"。档案专业人员应掌握相关的法律法规，以规范自身行为，划定思想的底线，同时，也应学会利用法律捍卫自己的权利。档案专业人员必须具备普通公民应当具备的基本法律素养。因此，档案专业人员继续教育应当强化档案专业人员对宪法以及立法机关通过的除宪法以外的其他法律的学习。

（3）职业道德方面的内容。职业道德是指从业人员在职业活动中应该遵循的行为准则。职业道德是社会道德的重要组成部分，职业道德内化于心，对档案专业人员的思想产生正向的引导作用，从而规范其行为。德才兼备是现代工作者应普遍具有的素质，而工匠精神则应当是现代工作者努力追求的职业道德精髓。因此，对于现代工作者来说，职业道德教育不可或缺，在继续教育公需课程的设置中，与职业道德相关的课程理应占据一席之地。

（4）信息技术方面的内容。人们通过计算机和互联网不断进行着各种形式的信息交换，"互联网+"也在政府、高校、企业等各个单位普遍应用，日新月异的信息技术对现代工作者的知识、技能更新产生巨大推动力，不懂信息技术，在未来的职业道路上将寸步难行。信息技术作为对各行各业的专业人员继续教育的一环，在内容选择上既不能仅仅涉及信息技术基础理论，也不能过分追求高精尖的信息教育，应适当凸显其实用性和普适性，以便工作者将学到的信息技术与实际工作相结合。

2. 多学科内容融合

建设学习型社会，促进人的全面发展，档案专业人员在从事档案工作时，也无法割裂档案专业与其他专业的联系。例如，电子档案管理离不开信息技术的支持，大部分档案编研工作需要专业人员具备历史学的相关背景。掌握其他相关学科的知识，使自身的知识结构更加全面，进而提升档案专业人员的工作效率，会给实际工作带来很大帮助。考虑到部分档案专业人员工作繁忙，可以自由支配的时间相对较少，档案专业人员继续教育中多学科课程内容可以选修课的形式开展，使工作者有选择地进行学习，精确弥补自身知识短板。另外，多学科课程内容不宜过细，应以该学科基础理论和与档案工作相关的基本方法为主。一般情况下，档案分为立法档案、行政档案、军事档案、外交档案、艺术档案、经济档案、科技档案以及一些其他类型的档案。根据档案类型找到与之对应的学科，并在档案专业人员继续教育中增加与该学科相关的课程，尤其是该学科的基础内容，以完善档案专业人员的知识结构。

3.专业法规标准相关内容

档案专业人员应掌握与档案事业相关的政策，也是加强档案专业人员档案管理能力理论支撑的其中一环。因此，档案专业人员继续教育公需科目的课程设置必须涉及与档案工作相关的法律法规，这也为专业知识的学习打下了良好的法律理论基础，具体内容还须在专业知识的学习中不断夯实。除档案相关政策法规外，档案标准也应纳入档案专业人员继续教育公需科目的学习中来。

档案标准包括国家标准和行业标准，档案国家标准需要档案专业人员全部掌握，不同工作性质档案专业人员可结合自身工作的具体内容去掌握档案行业标准。另外，在档案专业人员继续教育公需科目法律法规的教育内容设置中，应重点关注其他与档案工作密切相关的法律法规。

随着科技的创新，信息传播途径迅速拓展，传统信息传播载体与新兴信息传播载体协调工作、互相融合，共享理念在信息领域被广泛提及，逐渐成为当代社会协同发展的奥义，档案工作也在一定程度上进行改革创新，在遵循档案保密与档案提供利用的辩证关系的前提下，实现部分档案信息开放共享，深入贯彻新时代档案工作的供给侧结构性改革，更大程度上满足用户需求。因此，全媒体时代，档案专业人员继续教育在对档案专业人员法律素养的培训方面不仅应当重全面，更应当抓重点，在继续教育课程内容的选择上更加重视知识产权法和与信息安全与保密相关的法律教育。

## （二）内容的针对性

当现阶段，档案专业人员继续教育以档案进修班、培训班为主要的教育培训方式，难以开展具有针对性的档案工作培训。随着全媒体理念的成熟，媒体融合拓展了档案专业人员继续教育资源的传播途径，意味着档案专业人员参与继续教育的方式更加多元化，尤其是远程教育的逐步推广为档案专业人员参与继续教育提供便利。

在此背景下，对档案专业人员继续教育课程内容进行合理组织构建尤为重要，以免由于教育方式的改革带来教育资源的爆炸，全媒体时代的档案专业人员继续教育的内容构建应当更加有序化且具有针对性，并且注重开展与新媒体技术相关的课程，才能确保继续教育在全媒体环境中取得预期效果。

1.针对不同层次档案专业人员的继续教育内容构建

由于各单位对档案工作的重视程度不同，选拔档案专业人员的标准也有所差异，针对受教育层次不一的档案专业人员，继续教育内容构建上也应因人制宜，有所侧重。

（1）针对本科以下教育水平的档案专业人员进行的继续教育，应结合该层次学员实际情况进行。对于本科以下教育水平的档案专业人员，应当加强档案专业基础理论教育，着力提升本科以下教育水平的档案专业人员在日常工作中融入理论指导的能力。

（2）针对本科教育水平的档案专业人员进行的继续教育。在档案专业人员的队伍中，本科教育水平的专业人员数量庞大。对于大多数档案工作来说，本科教育水平的专业知识积累已经足够，对于这部分档案专业人员，最重要的是要夯实档案专业理论基础，去粗取精，使专业理论与实际工作更好地结合。

（3）针对硕士研究生及以上教育水平的档案专业人员继续教育。当前，在档案专业人员中，硕士研究生及以上学历的专业人员所占比例越来越大，为档案工作的改革创新注入了巨大活力。因此，在对这部分档案专业人员的继续教育中，应继续挖掘档案专业理论深度，加强对实际工作的宏观思考。

2. 针对不同工作地区档案专业人员的继续教育内容构建

针对不同地区档案专业人员继续教育内容建设不仅应该考虑到地方特色，也应该考虑到地区发展。针对不同地区档案专业人员继续教育的内容建设，应当从以下两个方面考虑：

（1）保留地方特色。中国地大物博，幅员辽阔，各民族、各地区和而不同，孕育了许多极具特色的地方文化。根据每个地方的地区特色，该地区地方综合档案馆（室）的档案工作有不同的特点。地方综合档案馆（室）作为一个特殊的公共文化机构，承担起收集、保存地方特色文献，并对地方特色文献的内在价值进行深入挖掘的责任。

地方综合档案馆（室）对特色馆藏的管理工作，一方面有利于宣传地方特色文化，产生社会影响力，从而打造地方特色产业和城市记忆，进一步拉动地方经济发展；另一方面有利于保持历史的延展性，使历史不断焕发新的活力。历史是不可改变的，但人类对历史的探究永无止境。

地方综合档案馆（室）的档案专业人员在特色馆藏的建设工作中发挥着重要作用，应结合实际工作，不断提高自身工作能力。

第一，掌握多种档案收集管理方式。地方特色档案自身载体形式多样，内容繁杂，包含大量的口述档案、声像档案，很多档案资源散佚民间，档案的接受与征集工作相对困难。因此，档案专业人员应通过多个渠道，采取多种方式进行档案收集，既要利用传统收集方式，例如，接收移交、接收捐赠、购买等；也要利用现代信息技术创新档案收集方式，主动收集档案资源，例如，建立对外开放的特色馆藏信息征集网站，主动采集与特色馆藏建设相关的档案资源。

第二，恪守服务理念，不断创新自身服务方式。地方特色档案与其他档案有很大不同，向公众开放，宣传特色文化是其一大职能，因此，档案专业人员应具有服务公众的意识，在档案提供利用方面多下功夫。在提供原件查询、借阅等基础性利用服务以及编纂档案出版物、举办展览、开设专题讲座等常见开发利用服务方式的同时，紧跟社会潮流，努力开发出新兴的、影响范围广的档案文化产品。

在全媒体时代，积极利用报纸、电视等传统媒体平台，与微信、微博、微视以及手机客户端等新兴媒体平台，对地方特色档案进行全面宣传。改善地方综合档案馆（室）在公众心中的形象，真正发挥综合档案馆（室）在各地区的文化职能。

（2）地区发展水平也会对档案事业产生巨大影响。档案馆（室）作为当地文化机构，针对地区的档案专业人员，可以通过全媒体技术实现教育资源共享，完成发达地区档案专业人员继续教育资源向落后地区的输送，加强其思想教育，树立档案意识，大力为其补充档案管理基础知识，在课程内容上侧重档案管理基础的收、管、用方面的工作，并应着力提高落后地区的档案专业人员的信息素养，使其在继续教育课程中可以进行计算机使用方法、档案数字化等方面的学习，以融入全媒体时代档案工作发展潮流。

（3）针对不同工作内容档案专业人员的继续教育内容构建。不同工作单位的档案专业人员有其不同的工作特点，应当根据其具体的工作内容，有针对性地进行继续教育课程内容的构建。接下来以学校和医院的档案专业人员为例，阐述如何进行继续教育内容构建。

第一，学校档案专业人员。学校档案资料纷繁复杂，尤其是教学档案和教师教学业务档案，是学校档案管理的重要部分。随着教学水平的提高和教育工作的完善，学校活动产生的档案数量进一步增加，给学校档案工作带来很大挑战，也对学校档案专业人员的工作能力提出了更高要求。具体来说，学校档案专业人员应当具备以下素质：

精通档案业务知识。对学校档案工作进行统筹规划；熟练掌握对学校档案进行接收、整理、鉴定、统计、保管、检索、编研、开放利用、宣传的具体工作流程、工作要求和工作方法；熟练掌握各类学校档案的归档范围和归档办法。

掌握相应的科学文化知识。对科研类档案进行整理要求档案专业人员对与档案相关的科学文化知识有所涉猎，主要体现在对学校科研类档案的鉴定和编研工作中。

掌握现代管理技能。学校档案数量巨大、种类繁多，需要利用现代化手段进行信息资源整理与建设，因此，档案专业人员继续教育在课程内容建设上应当具有如何对学校教学活动中形成的专门档案进行管理的相关内容，也应加强对学校档案专业人员现代信息素养的培训，使学校档案专业人员具备良好的信息素养，学会运用现代化设备和信息化管理的手段，更加适应全媒体时代的发展。

第二，医院档案专业人员。档案不仅是医院进行人事管理、财务管理、资源设备管理的重要凭证，也是医院提高医疗质量和提升科研效率的重要参考记录。病历档案管理在医院档案管理工作中居于绝对重要的位置，病历档案的合理利用能够提高医疗质量、提升科研效率。

针对医院档案专业人员也应当开展符合其工作内容特点的继续教育课程，例如，医院档案整理汇编方面的课程、医疗业务知识方面的课程、档案工作自动化方面的课程等，以提升医院档案专业人员的工作能力。

　　总之，档案专业人员需要具备较高的管理能力，能够适应单位在档案管理方面的巨大工作量；档案专业人员应当具备较强的专业性，牢牢掌握与工作相关的档案专业理论和档案专业技术；档案专业人员具有相当完备的信息素养，掌握所在单位档案工作相关的现代信息科学技术；档案专业人员应当具备较高的保密意识和服务意识，更应着重培养全媒体时代的创新意识。因此，在档案专业人员继续教育的课程内容构建上，应加强档案信息化管理相关内容的学习，开设实践课程，增强档案专业人员对各类档案管理软件使用方法和新媒体技术的学习。

　　3.档案专业人员继续教育人才融合的优化策略

　　档案专业人员继续教育工作未来将更加注重教育过程评价，从而全面提高继续教育质量。在此要求下，对档案专业人员继续教育教学人才的培养将更加紧迫。为解决全媒体时代档案专业人员师资队伍建设中存在的问题，促进人才融合发展，培养融合型人才是关键。因此，在未来档案专业人员继续教育教师队伍的建设工作中，应牢牢把握全媒体时代的特点，采取一系列手段实现继续教育专业教师、档案实践领域专家和全媒体技术人才多主体协作。

　　（1）专业教师。专业教师是指专门从事档案专业人员继续教育工作的教师。在全媒体背景下，档案专业人员继续教育专业教师应转变教育理念，由以教师讲授知识，学员接受知识的单方向知识流通模式，转化为教师、学员互动式学习的双向知识流通模式。

　　档案专业人员继续教育专业教师应当积极适应时代的变化，不再做继续教育课堂的"领导者"，而是化身教师和学员互助式学习的"参与者"，重视教学理念革新，以学员为主体，培养学员的自主学习能力和创新能力。

　　另外，应当进一步建立健全全媒体时代教师队伍人才培养机制，具体工作可以从以下方面展开：

　　第一，建立健全档案专业人员继续教育教师队伍遴选聘任机制，提高教师准入门槛。在选拔档案专业人员继续教育教师时，应对其职业道德修养、专业素养、个人教学能力等方面进行严格考察，有必要针对教师队伍建设设置具体的考查标准，严格确保档案专业人员继续教育教师队伍的专业性和纯洁性，坚决禁止不具备教师资格的、能力不足的、缺乏教师使命感和责任感的人进入档案专业人员继续教育的教师队伍中来。

　　第二，建立档案专业人员继续教育教师队伍的评估考核机制，加强对教师的日常教学考查。师资队伍列为档案专业人员继续教育机构教学水平的重要评估指标。在评估考核过程中，应委托第三方评估机构或成立专门的评估考核小组，对教师的教学态度、教学内容、教学方法、教学效果等方面进行评估，通过设置有效的评价考核标准，定期对档案专业人员继续教育教师进行考核并打分，根据考核成绩对教师队伍进行适当调整。

档案专业人员继续教育的教师，通过建立评估考核机制，可以促使教师不断充实新知识、不断学习新技能、不断提升自身教学能力，进而促进档案专业人员继续教育教学质量的提升。

第三，建立档案专业人员继续教育教师队伍的激励机制，提升教师的工作积极性。激励机制建立在评估考核的基础之上。对于教学能力强，教学效果好的教师应当予以奖励，尤其是在档案专业人员继续教育工作中做出突出贡献的。适当的激励能够激发教师的教学热情，提升其创新创造能力，从而使整个档案专业人员继续教育教师队伍保持活力。

第四，建立档案专业人员继续教育教师队伍的培训机制，开展针对教师队伍的继续教育。知识的更新是没有止境的，作为一名继续教育教师，更要牢牢把握学科发展方向，通过不断学习，及时补充新知识。因此，针对档案专业人员继续教育教师培训工作的开展应当增加频率，保证学习频率，建设学习型的继续教育教师队伍，使教师的知识含量和教学水平能够随时满足参加继续教育的档案专业人员的需求。

第五，建立档案专业人员继续教育教师队伍教学质量的跟踪反馈机制，不断调整教学内容与教学方法。为进一步检验继续教育教师队伍的水平，准确评价继续教育的教学质量，应建立有效的跟踪反馈机制，使参加档案专业人员继续教育的学员通过反馈渠道，反映实际学习的效果，并据此不断调整教学内容与方法，使继续教育教学内容与方法更符合档案工作的实际需求。

（2）档案实践领域专家。档案专业人员继续教育机构应当按照专兼职结合的原则，聘请具有良好职业道德、丰富实践经验、较高理论水平的业务骨干和专家学者，建设档案专业人员继续教育师资队伍。因此，在档案专业人员继续教育教师队伍建设过程中，应深入贯彻国家相关规定，推动教师队伍人才深度融合，使从事档案专业人员继续教育工作的专业教师与档案实践领域专家相融合，理论水平与实践经验相融合。

在档案专业人员继续教育教师队伍的建设过程中，除了加强对教师理论水平的培养与考查，也应当着重考查教师的实践经验。因为档案专业人员继续教育是非学校教育，教育是为了更好地满足档案专业人员的工作需要。在档案专业人员继续教育教师队伍的建设中，通过开展专业教师与档案实践领域专家合作教学可以使教学内容更加全面，能够充分满足档案专业人员的实际需求；也可以邀请档案实践领域专家对专业教师进行培训，变"输血"为"造血"，提高档案专业人员继续教育教师队伍的实践水平。

（3）全媒体技术人才。全媒体理念是在社会信息化发展过程中逐渐显现出来的，同样，信息化发展也是档案工作的发展趋势。当前，档案工作信息化还处于探索阶段，并且，在实际的档案信息化服务工作中，越来越多地融入技术手段，例如，物联网技术、大数据技术、数据挖掘技术等，档案专业人员渴望提升自身信息素养，使自身能够更好地适应时代前进的步伐。

在档案专业人员继续教育专业教师的培养过程中应当引进全媒体技术人才，对专业教师进行信息技术培训，使专业教师跟上全媒体时代档案专业人员继续教育改革创新的步伐，实现由传统教育手段向现代教育手段的过渡，也能够促进专业教师对新知识、新技术的学习，实现专业教师教学经验与全媒体理念的融合，使其更好地从事继续教育的教学活动。

档案专业人员继续教育专业教师和全媒体技术专家联合开展继续教育教学工作能够更好地满足档案专业人员的教育需求，通过继续教育大大提高档案专业人员信息服务水平，使档案专业人员充分适应全媒体时代的发展。

# 第四节　档案管理走向档案治理

伴随着国家治理方式的逐步变革，档案管理作为国家管理方式的重要组成部分，必然要实施调整，档案治理模式也随之走进人们的视野。因此，要加速完善档案治理体系，提高档案治理效率，为经济社会的发展做出积极贡献。档案管理和档案治理虽然只是一字之差，但两者在理念和执行层面都存在本质差异，有必要对此进行深入研究。

## 一、档案管理和档案治理的区别

档案管理是指相关档案部门对国家和各地区的档案事业进行有纪律、有计划的监督和指导，协调内、外部关系。随着档案管理不断发展，从初期较为简单的"收、管、用"逐步拓展到档案教育、科研、外事、宣传、行政管理等多维度工作内容，逐步产生并形成了档案事业体系，从而推进档案管理治理理论的发展。

档案治理，是以档案管理为基础，并对其进行传承和延展的一种重要方式，在未来档案事业的发展中具有重要作用。但档案治理与档案管理之间存在一定的差异，主要体现在以下几个方面：

第一，理念上不同。档案管理秉持"国家本位"理念，档案部门往往对档案事务具有垄断地位，将社会隔绝于档案体系之外，双方二元对立。而档案治理则奉行"社会本位"理念，通过与社会加强沟通、合作，强调双方平等参与，原有的档案部门进行权力下放，让更多的社会组织参与档案事务。

第二，主体上不同。档案管理由于权力的单一维度，其主体是国家的政府及档案部门，档案管理的主体出现"只此一家"的形势，导致整个档案系统较为闭塞，过于突出中心化。而档案治理则强调的是多中心原则，更符合社会中心主义色彩。其主要表现为档案部门和社会多元共治，双方处于平等地位，共同管理档案事务。

第三，过程上不同。档案管理相较于档案治理而言，其管理主体较为单一，档案管理是档案部门通过国家赋予其职能进行管理，导致存在单一维度和垂直化管理模式等问题，随着业务的不断深入，也只是通过增设机构和人员等方式来强化事务管理。而档案治理则是通过丰富管理主体、加强各主体之间的多维传动，构建出一套多元主体、多维互动的档案治理体系，充分利用社会资源来完善档案事务的管理。

第四，工作内容上不同。档案管理主要是档案部门对体制内的政府部门及企事业单位的档案事务进行管理。而档案治理基于其多元主体的特性，能更好地拓展管理对象，例如，家庭档案、私人档案馆等体制外的档案事务，从而拓宽管理对象的广度。

第五，目的不同。档案管理首要目的是保障国家利益，保证国家档案资源的安全性，其次才是为了社会公众服务，这在一定程度上忽视了社会公众利益。而档案治理强调利益的多元化，可以弥补档案管理这方面的不足，更好地平衡国家利益、社会公众利益之间的关系，确立共同目标，协同合作，最终确保不同阶层和主体的利益实现。

## 二、档案管理迈向档案治理的必然性分析

作为国家治理中的一个重要组成部分，档案治理是对传统档案管理模式的升华，其内容和层次也更加丰富、全面，因此，从档案管理迈向档案治理已成为必然。外部环境是对治理环境变化的必然要求，内容如下：

### （一）社会环境的变化

随着我国公民社会的日益壮大，公众整体更具主动性，摆脱传统被动接受的姿态，公众整体的自主意识和批判精神逐渐提高，公众对社会建设的投入也越来越大。随着公众自主意识的觉醒，档案治理的推广必能激发社会公众对档案事务的热情，使公众更加身临其境地参与到档案事务中，也拓宽了档案部门的发挥空间。传统档案管理模式的单一主体已无法满足新时代社会公众对档案的需求，因此随着社会公众和组织的发展，原有的档案管理部门也必然放权，从而促进档案事业管理体制的改革，开放档案事业系统，由传统的档案管理模式向更加开放、共融的档案治理模式转变。

### （二）制度环境的变化

从古至今的经验来看，档案管理模式的革新都与所处的环境有关。在政府管理时期，档案管理为管理型模式，通过设立不同的档案机构，对档案进行统一管理。

推进国家治理体系的现代化进程，其要求政府将部分权利释放给社会，厘清权力边界，培育社会力量，开发社会潜能，给予社会管理更充裕的社会资源和部分权利，加强社会整体的治理能力，实现国家治理的现代化。档案事业作为国家治理的重要分支，国家治理理念也必将在档案管理中奉行，因此，档案部门要紧随时代变化，必须完善档案治理体

系，以提高档案治理能力作为行动纲领，推动档案事业向现代化治理模式迈进。

## （三）技术环境的变化

随着信息技术的普及，人类已正式步入大数据时代，数据普遍具备爆炸式发展、信息深度共享并高度分散等特征，导致现阶段的信息资源空间结构发生巨变。大数据时代下，数字信息资源的空间结构发生了巨大的变化，其持有主体也更加多元。为了能更快适应现代社会，我国档案部门也要了解大数据时代信息高度分散这一现状，清楚原有的核心载体地位发生动摇的根本事实，如果不改变传统的档案管理模式，则很难跟上时代的步伐。因此，档案部门要与时俱进，通过借助社会公众的力量实现档案信息的自主管理，确保国家档案记忆的完整性。档案部门还要将部分权力下放到社会公众，共同建立一套完善的档案信息治理体系，充分发挥社会公众的集体力量；随着信息技术在大数据时代的飞速发展，融入人工智能、云计算和物联网等高新技术也可以更好地推动档案事业的发展。

## 三、档案管理走向档案治理的有效措施

### （一）树立与更新档案治理理念

实现档案管理向档案治理的有效过渡，必须注重档案治理理念的先导作用。档案治理要有效优化以往档案管理中的弊端，改善整个治理状况。将多元共治作为根本理念，应将主体范围有效扩展，实现一种更为优化的治理体系，这种治理体系在治理主体上必须是多层次的，应为档案治理的主体注入更多的新鲜血液。

加强全社会对档案治理工作的参与程度，使社会发展和档案管理相互协调发展，社会组织以及公民与档案管理的相关管理人员要实现某种程度上的合作共治关系。档案治理的相关管理人员一定要改变以往的看法，将社会组织和公民视为档案治理的主体，要对社会组织和公民进行档案治理工作方面的培养和提升，使其能充分了解档案治理内部的工作情况，从而实现社会组织和公民在档案治理相关事务的决策和管理方面工作上的参与程度。这样，才能真正实现"社会本位"的根本治理理念。与此同时，不能将档案治理的重担全部分配给社会组织和公民，以往档案管理的相关工作人员以及相关机关中的相关人员还应履行其原本的工作职责。应注重在部门内部更多地强调多元治理的治理理念，强化档案领域的相关部门的治理职能，发挥比以往档案管理时期更好的主导作用，重点发展核心业务，创造更好的档案治理环境。

### （二）强化档案工作的系统开放

在实际工作过程中，档案工作一定要注重开放性，档案的行政管理系统一定要强化这一观念。档案的行政管理部门要做到工作的开放性，可以从很多工作环节上入手。要着重对重大档案治理的工作规划以及法律法规的政策制订，可以通过调动社会组织以及公民

在档案治理工作上的积极性来完成。这样就能在实现行政部门和社会组织与公民相互协调工作的同时，保障整个档案治理工作按时按标准完成。档案工作系统的开放性得到加强后，才能实现整个档案治理工作的稳步进行。

### （三）创新档案治理方式

档案的治理方式不能总是循规蹈矩，相较于以往的档案管理模式，档案治理要做出相应的调整。

发挥市场化方式在档案治理中的积极作用。档案的治理活动完全可以科学、合理地应用市场性的一些有利特征和方法来实施和开展。档案治理的相关部门可以结合档案治理的工作特点，综合考虑市场经济体制下的市场环境，将一些市场化的治理方式引入档案治理工作中，提高档案治理的工作效率和工作质量。具体来讲，现阶段存在的一些市场化管理有效的方式有合同外包以及公私合作等，还有一种较为有效的方式是经济补助。将三种市场化的管理方式引入到档案治理工作中将会是一项有益的尝试，不仅能充分发挥以往的管理模式中的优势特点，而且能充分利用市场化管理方式中的优点。两者优势互补，在实现更好的经济效益的同时，还提高了档案治理工作的社会效益。

运用社会化方式，这种方式实际上在以往的档案管理阶段就已经得到了充分的发挥和利用。在新时期的档案治理阶段，社会化管理方式可以做出一些合理、有效的调整，这是一种充分发挥社会志愿性质的方法，能实施更具经济效益和社会效益的档案治理工作。这种管理方式在应用过程中，能与社会发展有一个极其亲切的贴合，能充分调动社会组织和公民在档案治理工作中的积极作用。社会化的方式目前也有很多种形式，较为有效且应用成效明显的，包括志愿者服务以及公众参与，还有一些个别的家庭或个人、自我的服务工作等。这是档案管理工作中可以有效运用的社会化管理方式。

# 第四章 档案管理的现代化发展

## 第一节 档案管理的现代化机理与意义

"在新的社会发展形势下，档案管理工作正朝着信息化、数字化的方向迈进，并不断融合新方法和新手段。"[①] 管理现代化就是把管理工作信息化和最优化，其具体含义包括：一是把现代科学技术综合、全面地运用于管理活动之中；二是当前的现代化管理技术主要是指计算机技术等；三是管理现代化的目的在于使管理工作趋于完善，并使整体功能和效率提高，达到优化。进而我们认为，档案管理现代化至少包括三个要素，即档案管理中使用了现代化的技术、档案管理者掌握了现代科技知识和建立起了科学的管理机制。档案管理现代化是指用科学的思想、组织、方法和手段，对档案工作进行有效的管理，使之获得最佳的工作效率、经济效率和社会效率。

档案管理现代化总目标的最佳效果，就是最大限度地保护档案，延长档案的寿命；最大限度地开发档案信息资源为社会各界服务。管理现代化的主要特征有以下几点：一是系统化，就是整体的各个组成部分为达到一个总目标，按照统一计划而行动：二是定量化，就是把复杂系统中的变量及相互关系，用数学形式表示出来，建立数学模型，进行定量分析，预测未来或调整方向；三是信息化，就是广泛地使用计算机，对大量有用信息进行收集、分析，利用反馈信息进行预测和决策：四是智力化，就是现代化管理十分强调人的作用，注意开发管理人员的智力，充分调动人的主动性、积极性和创造性，要求组织机构具有应变能力，充满活力和高效率，以适应错综复杂的变化情况或环境。

为了突出说明档案管理现代化以现代技术运用为主体的内在意义，在本书中，档案管理现代化是定位于由先进的管理理念和管理技术支撑的一种管理环境，建立这种管理环境的目的在于比传统档案管理产生更大的社会效益和经济效益。因而，档案管理现代化除了档案信息处理管理技术现代化外，还需要包括档案管理思想的现代化、档案业务规范标准化、馆藏结构合理化、馆网建设科学化、档案信息服务社会化、档案人员专业化等。

### 一、档案管理现代化的内涵

#### （一）档案数字化的保存

这是档案管理现代化最核心的部分，指的是运用信息技术，在档案管理信息平台的

---

[①] 董恩政 . 浅议档案管理现代化现状与优化对策 [J]. 兰台内外，2023，（07）：34.

支撑下，将传统的纸质档案转化为数字化档案，从而进行归档保存。档案数字化的保存方式有利于档案的查阅和管理，同时也能够帮助实现社会资源的共享共建。首先，要实现档案数字化保存需要梳理完善档案目录，并建立数据库，为档案资源的数字化录入提供规范的依据和索引；其次，需要搭建企业专有的档案信息平台，建设档案数据处理系统，实现档案资源传输、保存以及档案资源共享的集成化和网络化。

### （二）科学化的档案保护

档案保护工作涉及企业信息的完全问题。科学化的档案保护不仅涉及企业档案的完整保存，也需要考虑档案的安全保护，指的是在计算机技术的背景下，通过新型载体对档案进行保存，如：声像档案、机读档案、电子档案等，并对承载档案信息的 U 盘、光盘、硬盘等移动介质进行保护。同时，针对不同载体需要采取不同的保存方式，避免不适环境、不安全行为等造成档案的损坏，影响档案的完整性。

### （三）流程化的档案管理

在档案管理中涉及两个方面的基础内容：①理论管理手段，即档案管理的方法和理论指导；②技术手段，即信息技术。两者相结合，能够有效促进档案管理开展是档案管理现代化集中体现。要形成科学有效的档案管理理论，就需要结合数字化的档案保存重新梳理档案管理流程，借鉴先进做法，结合国情社情加以使用，完善档案管理流程步骤，健全现代化档案管理理论体系。而从技术手段方面来说，就需要引入先进的管理设备和技术，实现流程程序化、程序自动化，助推档案现代化管理。

### （四）标准化的档案工作模式

档案从资源保存到建档，再到维护、管理都需要建立一套与企业发展相适应的标准，这也是档案管理现代化的基础。因此，企业需要结合本单位需求，建立健全规程、标准，按照档案管理现代化的要求，完善工作模式。其中，结合档案现代化管理要求，要重点建好信息技术的使用规范，使之成为档案现代化的重要依据，架起档案管理和信息技术应用之间的桥梁。

## 二、档案管理的现代化机理

档案管理的现代化机理在于明确档案管理现代化的必要性与可能性。

### （一）档案管理现代化的必要性

从内因上考察，实现档案管理现代化的根本目的是解决传统的档案管理手段和方式越来越不能适应日益发展的客观需要的矛盾。具体表现为：

1. 管理方式、收藏量与载体形式之间的矛盾

传统的档案管理方式与档案收藏量增加及载体形式多样化之间的矛盾。档案的数量随着历史的延续而增长，这种增长势头是多方面因素造成的。首先，人类对于档案的积累总是保持着一个量的增加势态，特别是进入现代社会后，人们越来越认识到档案在政治、经济、文化、教育等各方面活动中的重要性，更加注意档案的形成和积累，因而造成了档案数量上的持续增长；其次，办公自动化技术在办公和管理领域中的广泛运用，使得文件的制作和形成变得快捷、方便，这在手段上为档案数量的飞速增长提供了技术保证。

档案数量的飞速增长趋势还可以从世界各国的档案产生增长量上反映出来。新型载体的档案需要特定的保管条件、保管技术和利用手段，这都是传统的档案管理方式无法提供的。此外，在新型载体的档案产生的同时，古老的历史档案则在逐步地自然老化，甚至形成"自毁"，亟须采取先进的技术手段加以抢救。总之，档案在数量、载体等方面的变化是传统的管理手段、方式所难以适应的。

2. 服务方式与档案需求之间的矛盾

传统的档案服务方式与档案需求之间的矛盾。社会对档案的需求是档案工作存在和发展的根本原因，因而，社会需求的变化必然对档案工作方式发生重大影响。从 20 世纪 80 年代始，我国在档案需求上发生了很大的变化，主要表现在以下四个方面：

（1）需求面的扩大。由原来主要为政治斗争、行政管理服务，扩大为解决政治、经济、科学、技术、文化、教育等各方面的问题而提供档案信息服务：由主要是查证性利用档案，扩大为查证性、参考性、研究性利用并行；由少数专家、学者和党政机关公务员利用档案，扩大为整个社会各行各业、各个层次、各种身份的人都利用档案。

（2）利用档案的系统性要求提高。许多利用者要求系统查阅有关某一专题、某一地区的全部档案，这些档案有时分散在不同全宗或者不同档案馆内，需要进行馆际互借利用。

（3）出现了利用时效性观念。利用者不再满足于缓慢、模糊的提供档案信息的方式，而要求及时、准确地获取所需档案。档案需求的这些变化，使档案部门的档案流通量大为增加，传统的档案信息服务方式的低效的检索能力，难以适应这些变化。

（4）出现了远距离求索档案信息的需要。随着网络技术的广泛运用，供求关系上的空间阻隔被完全打破，利用者希望足不出户就能获得大量档案信息。显然，传统上的档案函调服务因其往复时间多，而且承载档案信息数量有限而不再适应这种需要，必须借助于现代的远距离传输手段来满足这种需要。

自 20 世纪 80 年代以来，解决办公与管理领域中分散数据业务处理问题的办公自动化技术、计算机技术、通信技术与网络技术的发展突飞猛进。这些技术的广泛运用，极大地减轻了信息处理的工作量，把办公人员与信息处理人员从烦琐而复杂的劳动中解放出来，

机器系统代替手工劳动已经显示出很大的优越性。因此，运用高科技设备及技术手段，实现管理现代化是办公和管理领域的必然趋势。同样，实现档案管理现代化，在档案管理领域中运用高科技设备和技术手段也是档案工作发展的必然趋势。

### （二）档案管理现代化的可能性

第一，技术运用和设备配置已越来越智能化、综合化和高效化，使得在档案管理这一方面的投入也能产生经济效益；同时，高性能的设备尤其是与大规模集成电路有关的电子设备价格。因此，在经济比较发达的东南沿海地区的档案部门、专业行业部门、级别和层次比较高的档案馆，既有必要也有可能利用这些高科技设备来提高档案管理效率和降低档案管理费用。

第二，档案管理现代化已经融入国家现代化建设之中。相对说来，党和政府逐渐开始重视在档案管理领域中的现代化建设问题，也在这方面加大了投入的力度。

第三，档案部门对于档案管理现代化的研究越来越重视，相关的现代化管理实践也越来越普遍，建立和积累起了理论与实践两方面的模式和经验；另外，发达国家的档案管理现代化进程和模式，以及国际档案理事会的努力提倡，也为我国档案管理现代化的建设和发展提供了良好的主客观条件和基础。

## 三、档案管理现代化的现实意义

档案管理现代化的意义是重大而深远的，它能提高档案工作的质量和效率，促进档案信息资源的开发，发展我国的档案事业，为档案事业适应社会主义现代化建设服务。具体地说，其意义从以下几个方面体现出来：

### （一）档案管理现代化与社会发展需求的适应

档案部门作为社会信息产业的组成部分，必须采取相应的措施，以现代化的管理手段，把档案信息以数字化、网络化、智能化以及个性化的形式，转化为知识和真正有效的信息，服务于知识经济，服务于这个对于有效信息有着强烈渴求的时代；否则，档案工作就不能适应社会的发展，就不能在这个变革的时代中发挥应有的作用。

### （二）档案管理现代化与档案事业可持续发展动力

可持续发展是人类关于发展的新的战略思想，是近年来人类鉴于现代工业文明的历史性困境，在环境意识、生态意识新觉醒的基础上诞生的。档案事业的可持续发展是可持续发展观念在档案工作领域中的延伸。就档案事业可持续发展的必要性上考察，是基于两个原因：

第一，档案事业的可持续发展本身是人类新的发展的组成部分，它取决于人类总体可持续发展的水平，又以源源不断的有效档案信息服务于人类整个可持续发展本身。

第二，从我国档案事业发展本身看，档案事业的生存主体——档案馆、档案室，目前存在着比较严重的问题，如：馆（室）藏结构单一、有效档案内容信息匮乏与社会对档案信息多元需求之间的矛盾问题、建立高水平的计算机网络系统与基础工作支持能力低下的矛盾问题、量大质次的档案收藏过多给档案库房造成的压力问题，诸如此类，都是制约档案事业继续发展的瓶颈问题。因此，如果不运用先进的科技设备和技术手段进行现代化管理，采取有效措施，借鉴国外同行或者国内其他部门的模式和经验，实现跨越式发展，就可能造成档案事业全面滞后于社会的发展。

### （三）档案管理现代化与国民经济、社会协调同步发展的适应

国民经济和社会发展是一个整体的社会系统工程，在这个工程中，各个环节相互影响、相互制约、密不可分，组成一个有机的整体。档案事业是国民经济、社会发展中必不可少的环节，它的发展，必然要受到社会整体工程和各个环节的制约；反之，档案事业也将对这个整体工程和各个部分产生影响。因此，《中华人民共和国档案法》第四条规定："各级人民政府应当加强对档案工作的领导，把档案事业的建设列入国民经济和社会发展计划。"这是我国档案事业发展的根本保证，也是我国档案事业不断与国民经济、社会协调发展的法律依据。

改革开放以来，我国现代化得到了长足的发展，国民经济和社会状态也随之而进步。因而，国民经济和社会的发展，将随着我国现代化建设步伐的加快而快速发展。作为与现代化建设各项事业协同发展的档案事业，如果不注重自身现代化的建设，就可能失去发展的动力，也就不能更好地适应社会的发展。

## 第二节　档案管理现代化中的技术基础

现代档案管理的管理理念和技术手段，是与传统档案管理本质的区别。现代档案管理主要是通过采用现代先进技术与设备和掌握先进技术知识的人员实施档案管理和提供档案的利用服务。下面，简单解读档案管理现代化中的相关技术。

### 一、计算机基础知识

计算机① 是一种以高速运算、具有内部存储能力、由程序控制操作过程的自动电子装置，它能够快速、高效地对各种程序化的工作和信息进行存储和处理。

第一，计算机硬件系统。计算机的硬件系统主要由运算器、控制器、存储器、输入

_____

① 快速、准确、记忆、逻辑、通用、自动和连续性是采用计算机进行自动化处理的主要特点。

设备、输出设备五大部分组成。计算机硬件设备又可分为主机和外部设备两大部分。

第二，计算机软件系统。软件是计算机系统的灵魂，安装在计算机上的所有软件系统和程序使得计算机硬件具有了类似于人的"大脑"的功能，只有软硬件结合才是完整的计算机系统。计算机软件系统主要包括系统软件和应用软件两大类。系统软件用于计算机系统内部的管理、维护、控制和运行，以及计算机程序的翻译、装入、编辑、控制和运行，如：操作系统及各种 I/O 设备的驱动程序等。

第三，计算机日常维护，日常维护是确保计算机正常工作和延长计算机使用寿命的基本工作，但往往被计算机的操作人员所忽视。①计算机使用环境温度应控制在 15℃ ~ 35℃ 之间，湿度应在 20% ~ 80% 之间；②清除机箱内的灰尘，键盘维护，鼠标维护，显示器保养。

## 二、网络基础知识

网络就是把分布在不同地理区域的计算机、服务器、存储器和专门的外部设备用通信线路连在一起，形成一个能够提供信息交流的通信平台。计算机网络及其服务提供的主要功能有数据传输、信息处理、资源共享、负载均衡和综合信息服务等。

计算机网络的类型有很多，按交换技术，可把网络分为线路交换网、分组交换网；按传输技术，可分为广播网、非广播多路访问网、点到点网；按拓扑结构，可分为总线型、星型、环形、树形、全网状和部分网状网络；按传输介质，又可分为同轴电缆、双绞线、光纤或卫星等所连成的网络。这里简单按网络分布规模来划分网络，即局域网、城域网、广域网。

## 三、软件工程基础知识

在档案信息化应用系统建设的过程中，离不开软件系统的支持，而软件系统的实现和运行离不开软件工程方法学的应用和指导。

第一，软件与软件系统。软件是指与计算机操作有关的程序、规程、规则以及与之有关的文件。软件包括程序和文档两部分。程序是指适合于计算机处理的指令序列以及所处理的数据；文档是与软件开发、维护和使用有关的文字材料。结合各种业务工作的开展，通过编写程序将各种业务工作在计算机上实现了模拟、互联和运行，并能够支持业务人员使用计算机来开展业务工作的系统称为软件系统。

第二，软件开发。软件开发是一个把用户需要转化为软件需求，把软件需求转化为软件设计，用软件代码来实现软件设计，对软件代码进行测试，并签署确认它可以投入运行使用的过程。在这个过程中的每一阶段，都包含有相应的文档编制工作。

第三，软件工程。软件工程定义了的软件开发过程，主要包括规划、分析、设计、编码、测试和维护等几个阶段。

## 四、档案管理信息系统

管理信息系统是一个人机交互的综合系统，以计算机为依托，以业务活动为主体，以信息为管理对象，是一个能够支持人们开展各项业务活动和执行各项职能的系统化和集成化的软件系统。

档案管理信息系统是以现代信息技术为支撑、以档案信息为管理对象、以档案工作为核心而实现的管理信息系统，它是辅助档案管理人员开展现代档案管理工作的软件系统，是实现现代化档案管理和提供档案方便利用的基本系统；也是开展档案信息化工作之初，首先接触的面向档案管理业务的应用软件系统。现代档案业务模式的变化和职能的拓展，对管理信息系统的设计与实现提出了很多新的要求。

档案信息化促进了档案管理变革过程，它包括档案内容的信息化、管理方法的信息化、工作模式的信息化、工作目的的信息化。网络环境下，档案管理信息系统的概念是一个跨地域、跨平台、跨系统集成运行、统一管理、分布式数据存储的广域网环境下全新模式的应用系统，系统设计和实现方面应该具有更高的要求，主要包括以下特点：支持多类型用户的访问、灵活可配置性特点、应用环境的广泛适应性、档案数据库结构的灵活构建、数据级的用户权限管理特点、跨库检索、个性化功能的扩展、功能组件的动态扩展。

## 五、数字信息存储设备

数字化档案信息的存储至关重要。通常采用的存储设备有半导体存储器、磁存储器和光存储器。其中，半导体存储器主要用于存储微机运行期间的程序及其所用的数据，称为主存储器或内部存储器。磁存储器和光存储器被称为外部存储器，其主要作用是长期存放计算机工作所需要的系统文件、应用程序、用户程序、文档和数据等。目前，最常用的有软盘、硬盘（可移动硬盘）、光盘、磁带、移动存储器（U 盘、MP3）等。

第一，软盘。软盘存储器由软盘、软盘驱动器和软盘适配器三部分组成。软盘是活动的存储介质，软盘驱动器是读 / 写装置，软盘适配器是软盘驱动器与主机连接的接口。软盘适配器与软盘驱动器安装在主机箱内，软盘驱动器插槽暴露在主机箱的前面板上，可方便地插入或取出软盘。由于软盘的容量较小，一般用作数据交换的临时存储介质，在存储方面逐渐被淘汰，建议档案馆将由软盘存储的数据尽快转到或迁移到其他存储设备上。

第二，硬盘。硬盘存储器是由电机和硬盘组成的。硬盘在读写速度和容量上都要远远优于软盘，是一个非常精密的设备，被密封在一个窗口之中。硬盘是用系统来组织磁道、扇区和读写磁盘。

第三，光盘。光盘存储器是利用光学原理进行信息读写的存储器。光盘存储器主要由光盘、光盘驱动器和光盘控制器组成。光盘是存储信息的介质，光盘主要分为只读型光盘和读写型光盘。只读型是指光盘上的内容是固定的，不能写入、修改，只能读取其中的内容。读写型则允许人们对光盘内容进行修改，可以抹去原来的内容，写入新的内容。光盘的主要特点是：存储容量大、可靠性高，只要存储介质不发生问题，光盘上的信息就永远存在。光盘驱动器是大容量的数据存储设备，又是高品质的音源设备，是最基本的多媒体设备。

第四，磁光盘。磁光盘是传统的磁盘技术与现代光学技术结合的产物，磁光盘驱动器采用光磁结合的方式来实现数据的重复写入，磁光盘片可重复读写一千万次以上。同时，由于磁光盘片还带有保护壳，因此磁光盘具有超高的安全性和稳定性。

第五，U盘。U盘的存储介质是快闪存储器，它和一些外围数字电路被焊接在电路板上，并封装在硬质塑料外壳内。它可重复擦写，防潮耐高低温。U盘之所以被广泛使用，是因为它具有许多优点：①U盘不使用驱动器，直接采用串口方式与计算机进行连接，不仅方便文件共享与交流，还可节省开支；②U盘的接口是USB，无须外接电源，支持即插即用和热插拔，只要用户的主板上有USB插口就可以使用U盘；③U盘的存取速度大约是软盘的15倍；④U盘便于携带，U盘的体积非常小且重量轻，重量仅相当于一支圆珠笔；⑤U盘的防震性能好，因为它采用无机械装置、结构坚固。

第六，移动硬盘。移动硬盘是以硬盘为存储介质、强调便携性的存储产品。目前，市场上绝大多数的移动硬盘都是以标准硬盘为基础的，只有很少一部分采用微型硬盘。移动硬盘具有容量大、传输速度快、使用方便、可靠性较强等优点。

第七，磁盘阵列。磁盘阵列是把多块独立的硬盘按不同的方式组合起来形成一个硬盘组（逻辑硬盘），从而提供比单个硬盘更高的存储性能并提供数据备份技术。

## 六、档案数字化处理技术

馆藏档案数字化和数字化后的检索利用等都涉及一系列的数字化处理技术，主要内容如下：

第一，扫描技术。扫描加工是馆藏中纸质、照片、缩微品等档案转变为数字化信息的主要方法，数字扫描仪是进行数字化处理的主要工具。在选择和使用扫描仪时，需要了解扫描仪的工作原理、分类方法、技术指标等，以实现对扫描设备的正确选择和科学使用。

扫描仪是数字信息采集设备，是一种集光学、机械及电子于一体的高科技产品，是把传统的模拟影像转化为数字影像的设备。扫描仪通过对原稿进行光学扫描，将光学图像传送到光电转换器中变为模拟电信号，又将模拟电信号变换成为数字电信号，并通过计算机接口传送至计算机中。按扫描速度，可以将扫描仪分为高速、低速两种；按工作原理，可以将扫描仪分为手持式、平板式、胶片专用、滚筒式和接触式扫描仪等多种类型。扫描分辨率、扫描精度、色彩位数、灰度级、扫描幅面、扫描速度、兼容性、接口形式等都是选择和使用扫描仪时应重点考虑的技术指标。

第二，模数转换技术。声像档案的数字化过程与纸质档案完全不同，这是因为传统的声像都采用模拟的磁带、录音带、录像带来保存，必须通过模拟到数字转换才能实现数字化。模数转换是将模拟输入信号转换成二进制数字信息的一种技术，主要包括采样、保持、量化和编程四个过程，实现这些过程的技术很多，并采用这些技术研制出各种转换设备和系统，在开展声像档案数字化过程中必须了解和熟练掌握这些设备的功能、性能和操作规程。

第三，网络存储技术。档案信息化将产生大量的数字化档案信息，不仅需要用海量存储设备进行存储备份，更需要提供数字化档案信息的网络化服务利用，这就需要借助于网络在线存储技术以获得更可靠的存储，提供更快速的访问。网络存储解决方案包括：直接附加存储、网络附加存储技术、存储区域网技术、内容寻址存储技术。

# 第三节  档案管理现代化发展

档案管理是企业工作中一项基础工作。随着企业现代化转型的不断深入，档案管理也逐步向现代化发展迈进。可以说，档案管理现代化不仅之于企业转型发展具有重要意义，更是档案事业发展的必然要求。但是档案管理现代化不是一蹴而就的，其发展的过程也存在不少问题，企业需要转变观念，提高认识，破解难题，顺应时代发展，加快现代化步伐。

## 一、档案管理现代化的重要性

### （一）对企业发展的重要性

随着社会的发展，各行各业逐步推进"数字治企"。在这条企业管理现代化的前进道路中，档案管理现代化也是应有之义，顺应了时代的要求，也顺应了企业发展的需求。推进档案管理现代化，有助实现企业便捷信息共享，从而打破部门之间信息孤岛状态，加强企业部门、岗位之间的联动，广泛获取信息和资源，转化成数字化保存形式加以存储，助力营造"用数据说话、靠数据决策"的数据文化。同时，档案管理现代化是积极响应节约发展的举措，有助于企业落实降本增效的要求，在提高经济效益上较传统档案管理有不可替代的先进性。其中，数字化的管理保存形式使传统的以纸质为载体的档案信息对象转为机读档案，不仅节省占地空间、节省库存成本，查询利用便捷，而且避免了反复复印资料造成的纸张和人力浪费。

### （二）对档案工作提升的重要性

在党和政府的高度重视之下，我国的档案事业蓬勃发展，各类档案不管是种类还是数量都大幅度增加，从而加大了档案保存、管理和查阅的难度。在传统的档案管理模式下，不管是管理还是查阅都需要花费较大的人力和时间精力，已经不适应当前社会的需求，对档案事业发展造成阻碍，而解决这一问题的手段正是实施现代化的档案管理。因此，推进档案管理现代化是将信息技术发展红利与档案管理需求相结合，将为档案事业进一步发展提供强大助力。

### （三）对社会主义市场经济的重要性

档案管理现代化正是经济建设不可忽视的策略之一。改变传统的档案管理方式，转变为依靠信息技术、依托现代管理理念的档案现代化管理模式，提高了档案存储、管理、调阅的效率，从而提升了企业现代化治理的水平，因此也推动了社会主义市场经济的发展。

## 二、档案管理现代化的加强措施

### （一）建立健全档案管理现代化体系

第一，健全档案管理机构。重新树立企业档案管理相关领导和人员的职责，通过明确分工、明晰任务，提高推进档案管理现代化的组织性。明确组织结构工作制度，以此保证职责落实及切实解决推进档案管理现代化过程中存在的问题。完善档案工作环境，加强硬件配备，实现议事有机构、机构有分工、职责有保证、工作有氛围。

第二，建设档案管理平台。建议建设数字档案室，是实现档案信息化的必然要求，其不仅仅是纸质档案的数字化加工、简单的建立一套档案管理系统，而是运用数字设备和技术，收集、管理和利用档案信息的数字化，以档案目录数据库和全文数据库为核心，将数字化的档案信息以网络为媒体提供利用服务的虚拟档案室。数字档案室需要多个部门的协同配合，从档案管理体制、标准规范、信息化基础设施、档案信息采集、档案数据录入和管理等全环节、全链条、全方位地改变工作模式，形成管理现代、服务便捷、流程一体的全新档案管理模式。此外，还需配备档案数字化工作的必要设备，如：计算机、打印机、扫描仪、服务器、存储设备等，为档案管理现代化工作提供强有力的后台保障。

第三，健全档案管理机制。要按照国家档案管理规定及档案工作实际，在虚拟数字档案室基础上，以档案利用为依据，分类制定并完善制度和规程。根据档案公开程度，可以划分为公开或者不公开的数字档案，并兼顾保密原则和利用原则就两者制定不同的管理制度。再如，根据部门和岗位性质，对不同人员设置不同的权限、操作规范等，推动档案合理化利用，保证企业档案管理的流畅性和档案内容的安全性。因电力企业涉及诸多基建工作，其档案涉及面广、内容繁多，因此要尤为重视建设基建档案管理制度，通过制度来保障技术人员以及档案管理人员的工作职能，明确各方收集信息的标准，避免出现遗漏和缺失。

## （二）加强档案现代化管理质量建设和安全管理

第一，加强数字档案室使用。基于上文所述数字档案室的优势，要加强对其全面应用，发挥其档案数据集成和智脑的作用，及时为企业提供相关的档案信息。要加强对数字档案室中档案数据的及时检查和监督，按照规定和标准进行数据维护调整，保持档案内容及时更新并确保数据真实性、全面性和有效性。另外，对于重要的但一时难以转化成数字化载体的传统纸质档案，要进一步完善基础管理工作，将其档案案卷归入数字化档案室，但仍采取实物管理的方式。

第二，筑牢安全防线。保障档案实体安全和信息安全关系到企业信息的安全性问题。对此，在推进档案管理现代化体系落地的过程中，需要尤其重视在实现档案数字化存储、档案信息共享的同时，要筑牢档案管理安全防线。要严格外包服务的管理。签订保密协议从制度上堵塞外包安全漏洞；严控异地数字化，要求档案数字化在本单位进行，不允许档案失控。要强化数字档案室的监控，设备封闭 USB 等信息输出接口，磁盘等存储设备维修均在单位专人监督下进行，设备和场地严禁连接互联网。要加强电子档案管理。在档案数字化时确保真实性、完整性和可用性，相关网络以及存储介质需符合安全管理要求，对重要电子档案进行备份保管。

## （三）加大企业资金投入和档案管理人员培养力度

第一，加大档案管理信息化资金投入力度。信息化已经成为企业发展的重要支撑，企业在统筹信息化软硬件配备时需要充分考虑档案管理现代化发展的需求，做足预算，保障资金投入，以此为档案管理工作的现代化转型升级提供信息化的保障。企业可以借鉴成立专项资金的做法，保证有限的预算不被其他事项占用，也提高档案管理信息化设备和系统采购效率及可控性。

第二，加大档案管理人员培养的力度。档案管理现代化在过去档案管理的要求上，对工作人员提出了信息化、数字化等新要求，对此，档案管理人员应该先转变工作理念，明确岗位定位，积极主动适应新形势，学习把握新要求，通过自我学习，提高自我能力，实现人岗匹配。在职业专业素养上，档案管理人员应该熟悉档案工作的方针政策、法律法规和标准规范，系统掌握档案专业知识，拥有丰富的实践经验和科学决策能力，还要补充学习统计分析学科知识，使用相关软件进行数据获取和管理，对大数据进行分析和预测，提升自身数据分析能力。企业方面，需要以提高档案管理人员专业性和综合素质为出发点，多样化地组织相关培训、讲座和研讨活动，帮助档案管理人员提高素质能力，以更好地适应新时期工作的需要。企业要为档案管理人员考取资格证书提供机会和平台，并引导档案管理人员通过参与考试夯实基础，吸收新知识。同时，须在各类培训中渗透涉密教育内容，增强管理人员安全意识，为档案信息安全加固思想阀门。在日常工作中加强与地方档案管理领域、先进档案管理单位的合作与交流，学习各地方好的经验做法，打造成专业能力强的档案复合型人才队伍。在全体员工中开展档案知识普及，提高企业职工对档案管理工作重要性的认识，调动员工参与到推进档案管理现代化的工作中来，形成全员合力，加强部门联动，为档案管理人员开展相关工作提供助力。

总之，加快档案管理现代化的步伐是对企业现代化管理的有力支撑，也是档案事业发展的必然趋势，更是对社会主义市场经济发展的大力支持。当前传统的档案管理模式暴露出不少问题，与新时代档案管理工作的要求不相匹配，如：存在档案管理质量不高、模式单一、风险较大等隐患，因此企业需要对档案管理原理进行科学合理的分析，通过运用现代化的理论知识来推动档案管理工作朝着现代化的方向发展。应该结合实际进一步完善建立档案管理现代化体系，从机构、平台和机制三个方面对推进档案管理现代化加以保证；应加强档案管理现代化体系应用落地，过程中重视对档案内容的管理和监督，对档案管理风险进行有效防范；应加大档案管理信息化建设投入的力度和对档案管理人员教育培养的力度，提供基础保障，切实发挥档案管理现代化的价值和作用，推进档案事业稳步转型提升。

# 第五章　旅游档案管理的特色资源开发与保护

## 第一节　旅游产业高质量发展

### 一、文化产业与旅游产业融合发展路径

#### （一）文化及旅游资源的进一步整合

游客的需求通常较为多元，在文旅资源的整合过程中一定要充分发挥当地历史文化资源以及自然风光资源优势，尽可能吸引更多的游客前来参观游览。例如，河南省旅游人数呈逐年递增的趋势，旅游总收入较上年有所突破，而郑州市旅游产业的发展前景也非常乐观。郑州历史悠久，其积累下来的文化及旅游资源非常丰富，风格较为独特，但始终存在同质化的问题，为此，政府应当加大资源开发的深度、宽度，在把握当地文化主体特质的基础上进行传统文化与旅游活动的融合探索，借鉴其他地区在文化及旅游资源开发方面的成功经验，在展现郑州文化古迹、民俗艺术及自然风光之时对其内涵进行延伸，以此来满足游客日益增长的精神文化需求，例如，可以选定"黄河文明"这一主题，围绕这一主题发展黄河文化生态游及度假游并销售文化旅游产品，这对促进郑州文化产业与旅游产业的融合发展具有重要意义，而在这一深度融合的过程中，文、旅产业自身也实现了可持续发展。

#### （二）积极开发文创产品以带动旅游产业的发展

要想实现文、旅产业的融合发展就必须以市场发展态势为参考，而文创产品的开发无疑为文化旅游创新指出了新的道路。互联网技术发展迅速，已经深入国民生产与生活的各个方面，对游客的消费方式也产生了一定的影响，越来越多的游客在旅游过程中关注到文创产品，并通过购买文创产品的方式来纪念其美好的旅行经历。郑州政府明确了旅游产业在未来一段时间内的发展方向，同时也为文创产品的开发给予了相应的政策保障及资金扶持，而信息化建设则是其中的主要发展目标，现阶段，文旅发展模式的探索与创新已然成为重点课题，郑州应当与时俱进，采用财政补贴或政策推动等多种方式，将这些富含地域文化的文创产品推广到市场之中。此外，郑州还可以借鉴其他城市的文旅产业发展经验，进一步加强在资源方面的挖掘工作，充分发挥资源本身的内在创造力，进而研发出更

多与市场需求相匹配的文创产品，这对于提高其核心竞争力具有重要意义，还可以促使文化旅游市场形成全新的格局。

自河南牛年春晚的舞蹈节目——《唐宫夜宴》爆火以来，河南省致力于从多角度呈现并弘扬地域文化及人文风俗，郑州应抓住这个契机并从这一角度入手进行创新，使中原文化"活过来"，在打造考古盲盒等多种文创产品时还应考虑到现代的审美眼光，既要继承传统文化又要推陈出新，进而推动郑州文化、旅游产业的高质量融合，这对于帮助青少年建立文化自信及产生民族自豪感都具有重要意义。

### （三）发挥文化固有特色促进旅游产业发展

优秀文旅城市的打造有赖于文化固有特色的展现，为此在文旅融合发展的探索过程中，郑州可以尝试结合城市文化特色，推出更多的旅游产品。就体育旅游产品而言，其根本就是通过旅游产业及体育行业的深入融合而生成的，景区可以充分利用自身的地理优势，将竞技体育项目与"黄河文化"紧密联系，政府不仅要积极争取举办体育赛事的资格，同时还要鼓励民间机构以多种方式推广体育竞技。

### （四）借助智慧旅游推动文化产业发展

从杭州的文旅融合发展经验来看，智慧旅游项目的实施在产业发展中发挥着巨大作用，郑州应当借鉴成功经验并牢牢抓住数字经济发展带来的机会，尽可能地将"云计算""物联网"等概念融入文旅产业之中，以此推进景区的智慧化建设进程，政府方面应尽快开发、完善智慧旅游体系并将其应用于各景点之中，收集、掌握现阶段有关文化旅游的信息资源并加以整合利用，加大文化旅游产品及路线的宣传及推广力度，学会利用互联网平台及各种手机 APP 来推送相关信息。关注智慧旅游的基础设施建设，在各个景区内都要配备无线宽带并提示游客开启手机导航；加强信息化建设，将文化旅游景区、酒店、餐饮、交通、娱乐及购物等多类场所联合起来，给游客带来一体化的智慧服务。政府应加强对文旅产业发展的宏观调控，尽快落实有关智慧旅游的法律法规并建立健全相关组织机构，通过综合管理的方式将郑州智慧旅游项目推广至全国。

智慧旅游项目的创新发展离不开专业人才的大力支持，但实际上郑州文化旅游专业人才的缺口相对较大，且人才培养的成效也不乐观，因此，除了培养与智慧旅游相关的专业人才之外，政府还应引进管理型人才以及网络信息服务型人才，发挥科研院校的教育力量，充分利用科研资源以及学校知名度来吸引更多的专业人才，提升其整体素养并鼓励他们投身到智慧旅游项目建设之中。

## 二、文化旅游产业高质量发展的策略

郑州文化和旅游资源丰富，在步入高质量发展的新阶段，文化旅游产业既面临着新形势新要求，又有着难得的发展机遇。充分利用郑州文化旅游资源，推动文化旅游产业在更深层次、更高水平上发展，为郑州经济高质量发展奠定坚实的基础，更好服务于郑州国家中心城市建设。

### （一）把握产业发展规律，加强统筹规划

文化是旅游最好的资源，旅游是文化最大的市场。坚持前瞻谋划、主动作为，立足郑州国家中心城市建设实际和文化特色，做好推进郑州文化旅游产业高质量发展的前瞻性研究，把握文化旅游产业发展规律，加强个性化、主题化、定制化文化旅游产品研究与开发，包括业态、技术、产品、品牌、融合体系、战略性企业的研究和规划，产业结构的规划，市场网络的规划，政策法规的规划，评估体系的设计等。盘活资源，深化供给侧结构性改革，补齐文化旅游产业发展短板，着力打造郑州文化旅游产业发展亮点，形成经济新的增长点。

### （二）以"互联网+"创新文化旅游产业发展

"互联网+"为郑州文化旅游产业带来巨大的市场机遇和发展空间。将互联网、VR、大数据、云计算等新技术与文化旅游产业进行深度结合，让"互联网+"成为增长新动力，"互联网和旅游有效结合，将发生指数效应"。让"互联网+"真正为文化旅游产业插上腾飞之翼，运用现代科技，拓宽文化旅游产业创新发展渠道，真正将互联网技术嵌入文化旅游产业链、产品链、服务链的各环节、各节点。采用新兴技术，完善市场机制，培育文化旅游市场主体，随着物联网、移动互联网等新技术的出现，以及与文化旅游产业的全新融合，大胆探索文化旅游"触网"。

### （三）从"浅融合"向"深融合"推进

推动郑州文化旅游高质量发展，加大资源挖掘、要素整合。郑州拥有丰富的遗址遗产资源，以遗址遗产为载体，形成文化旅游链条，以文化内涵提升旅游项目、旅游产品、旅游节庆的吸引力，增加体验、休闲、养生、欣赏等旅游内容，通过推进华夏历史文明传承创新核心区建设，带动外围区发展的文化旅游网，实现文化旅游产业向高级阶段深层融合。进一步挖掘文化旅游产业的新价值和新业态，以文化旅游新产品模式、产业链延伸的文化产业景点化模式、新型旅游营销模式等，打造一批具有郑州特色的、在全国乃至世界能够产生巨大影响的旅游文化品牌。

### （四）以文化人才振兴推动高质量发展

文化旅游产业是创意性产业，创意的新颖独特程度关键在人。人才是第一资源，是促进郑州文化旅游产业高质量发展的重要支撑。培育一支高素质的、懂文化旅游的人才队伍，完善旅游文化人才的培养、引进、使用、奖励机制，保护从事基础研究人才的知识产

权，实行以增加知识价值为导向的分配政策，提高研究成果转化收益分享比例，促进研究成果资本化产业化。根据文化旅游产业发展实际，完善人才评价标准，出台职称评定、养老保障等激励政策，激励人才向产业一线流动，强化对人才的物质和精神激励，努力营造良好的人才发展环境，为文化旅游产业发展实现新突破提供有力支撑。

# 第二节　旅游特色档案资源开发

## 一、古镇档案资源开发与旅游特色发展

近年来，随着传统村落的逐渐消亡，越来越多的政府部门、社会团体、学者开始注意起传统村落。古镇档案资源是指由当地村落开展行政事务所形成的档案，如：村务管理、党群工作政策规章制度、民主档案等。古镇档案资源的特点主要有三个：保管主体多样、档案类型丰富、档案相对公开。

### （一）古镇档案资源开发的意义

1. 有利于全面反映传统村落演变历史

每一个传统村落都承载着上千年的历史文化，村落的一块石碑、一处老宅、一份族谱无一不在诉说着这个村落属于自己的历史故事。随着信息时代的到来，一个村落的历史文化也不再拘泥于泛黄的书本和老人们的口口相传。加之文化与旅游的融合更为我们提供了知史懂史的新模式，明亮整洁的村史馆、内容丰富的地方特色文化展馆、有趣的文化体验馆都是文化进驻景区的有效成果。并且每个传统村落都有自己的特色文化，我们要充分挖掘这些特色文化潜在的市场价值，塑造其专属的村落旅游形象。就旅游业带来的经济效益打造更加完整的传统村落文化展示体系，在此过程中，开发古镇档案资源，使当地历史文化得到一个准确、详细、专业的整理。整理后形成的成果，不仅是对游客的展示，更能全面反映出当地村落发展历史。在游玩的过程中，游客必然会对当地的文化产生好奇，带着强烈的求知欲，让游客能身临其境地感受历史文化，以更有趣的形式学习当地历史文化，那么游客也将成为该地文化传播的参与者。

2. 有利于彰显文化自信，促进乡村振兴

我国有着几千年的历史底蕴，这些优秀的传统文化就是我们国民文化自信的来源。提升我国国民的文化自信，彰显大国国民素养。古镇档案作为村落的历史凭证，对其开发能推动文化和旅游的融合，让游客在欢快的旅途中接受各地地域文化的滋养，游客自身原

来的原始文化与新的文化产生碰撞，形成新层次的文化感受，让游客感知自己中华民族文化底蕴深厚，形成文化自信。古镇档案资源类型丰富，蕴含着村落历史悠久的农业文明和积淀深厚的地域文化，如：志书、族谱、祠堂建筑档案、非遗档案等各类具备旅游开发潜力的档案资源，应将村落中的此类档案整合并找准切入点开发其中的旅游经济价值，同时可以打造创意旅游，使游客得到沉浸式的体验。从游客的需求出发，游客才参与乡村文化旅游，支持乡村经济发展。以优秀的传统文化为支点，彰显民族文化自信。以带动当地文化旅游业的发展为路径，促进乡村振兴。

3. 有利于推动文化旅游产业转型升级

中国是一个旅游大国，很多传统村落的经济收入靠当地旅游业的带动。目前的，游客并不满足于衣食住行的享受和为打卡某个旅游景点而计划出游，更多的游客想在旅游的过程中得到精神的满足感。那么我国旅游业的发展就不能再以传统的形式进行升级，而应该从丰富游客的精神世界层面落实旅游产业转型升级。

古镇档案资源的开发使村落旅游业的发展观念中融入当地文化，提供给游客的将不再局限于物质上的新鲜感，更多的是对求知欲和精神追求上的满足。在游玩的过程中了解该地的历史文化，充分感受当地的人文气息，与在本地生活的居民一样了解当地文化，关注当地发展状况，反客为主，做该村落短暂性的"主人"。这样才会使文化和旅游的融合落到实处，践行文旅融合的发展观念。除了让游客充分感受当地文化外，还可以将档案资源与旅游产品相结合，打造本村落独一无二的旅游产品，既增加了产品的附加值又能吸引游客的购买欲望。

当产品被游客带回送给亲朋好友时，这种带有文化属性的产品进行多城市的传送，也是一场文化的交流与碰撞。要想实现旅游产品的转型提升，就要立足于提升古镇档案资源开发程度，深度挖掘村落的特色文化，做有态度有故事有内涵的旅游产品。除旅游产品外还可通过与档案资源的融合打造特色文化旅游生态圈，例如，红色档案展览、村史研学基地、主题档案参观馆等。多方位地提升游客的体验感，以此吸引更多游客的到来，带动当地旅游业经济的增长。

## （二）古镇档案资源开发中融入文旅融合策略

1. 强化政府的规划引导

（1）强化政府引导，加强古镇档案资源开发顶层设计。古镇当地政府部门应紧跟中央政策，牢牢抓住文化产业与旅游资源相融合的时机，结合当地特色历史文化档案资源，进一步加强文旅融合，打造有地方特色的新型旅游产业。同时，相关部门应借助时代背景与政策倾斜，优化档案资源结构，增加制度细则、增强制度的针对性。

第一，强化顶层设计。相关政府部门应通过广泛调研国内古镇档案资源开发的实践经验，通过多部门协作，分析经典案例，提出适合中国古镇档案资源开发的通用型模式，各地在此基础上可增加适合当地村落档案资源开发的细则。

第二，完善地方性政策法规。国家层面上的档案保护法律法规可能无法满足不同地区多种形式多种类型的档案，也无法顾及不同类型的开发方式。基于此种情况，各地政府部门应根据当地的档案资源分布情况、开发方式以及档案资源的使用、适配方式，来制定更加具体细致的规章制度，使得古镇档案资源开发做到有法可依、有章可循，实现从国家到地方的政策全覆盖，减少因制度漏洞而导致的破坏性开发。

第三，加强制度管理建设。当地政府及相关工作单位应在已有的法律法规的基础上生成科学合理的制度管理机制，明确从政府到单位再到个人的权利与义务，同时实施量化考核机制，将古镇档案资源开发利用工作作为一项评判标准进行考核，提升档案资源开发的效率。

（2）加强部门之间协同合作，鼓励当地居民积极参与。古镇档案资源的开发直接涉及档案部门、文化和旅游部门，同时还需要住建、财政等部门以及各种社会组织和公民个人的协调配合。为了加快文旅融合与档案资源开发利用，各部门各单位之间的协同合作就成为不可或缺的一部分。强化部门间协同合作需做到以下几个方面：

第一，加强政策精神宣传。要在思想层面上对古镇档案资源开发重视起来，结合古镇档案资源开发和当地文化旅游产业的发展趋势，财政部门应拿出专项资金用于财政扶持，同时出台相应的金融倾斜政策，产业转型投资战略。

第二，应形成以政府为主导，档案部门、文旅部门为核心的多部门协同合作体系。各局委办，社会组织应形成联合领导小组，全力调配协调各职能部门进行档案开发工作，形成科学有效的管理制度。加强各部门间的联系与沟通，做到层层紧扣，不脱环、不掉档，各层级明确自身任务要求，权力范围和责任空间，真正做到各司其职，不越界，不多头领导，统一指挥，保质保量完成相应任务。

第三，完善落实监督管理体制，实行量化考核。地方政府应依托现有的评价管理体系，对各部门进行信用等级评定，财政部门应在此基础上释放部分政策红利，表彰信用等级优秀的单位和社会组织。同时要健全监督管理体系，设立督导小组，促进整个流程进行可持续发展的良性循环。

居民既是当地档案资源的所有者、使用者，也是当地历史文化的传承者。古镇档案资源全面的开发需要当地居民参与进来，古镇的文旅业也需要居民的带动。因此，古镇要提高当地居民对历史文化的认知，对档案资源的认识以及如何正确地保护与开发档案资源，树立文化自信，加强当地居民参与文旅开发的力度。联合档案馆、文旅厅等部门，对当地居民系统的培训，例如，举办档案的分类、什么属于档案资源、如何建档、如何正确保存档案等专题的定期培训。居民拥有了这些基础的专业知识，才能在日常生活中有意识地识别档案、保护档案和开发档案。单靠档案部门进行档案资源开发，人手紧缺且掌握的资料有限，在开发的过程中若是有大量懂得专业知识的居民参与，此项工作将变得简单和高效。

（3）加大资金投入，允许社会组织和个人资金注入。我国对传统村落的开发投入资金的分量在持续增强，古镇政府可以对当地的档案资源进行深度挖掘与梳理，同时积极开展各类市场调研，学习其他地区的先进经验，最大限度地整合出古镇档案资源所蕴含的文化底蕴与旅游效益，并以此为契机，最大化地争取从中央到地方各级政府的财政拨款、各类社会组织的捐款。在开发利用的同时也要注意档案资源的维护，当地政府应设置专款专用，政策性的用于濒危档案资源、重点档案资源的维护，相关机构应根据实际情况合理申请资金，真正做到可持续利用，可持续发展。

此外，面对财政资金压力大的情况，古镇政府应优化市场运营环境，一定程度上允许资本注入，良性招商引资，鼓励投资商进驻古镇发展新型旅游产业，形成财政资金投入与社会资金投入双渠道发展。古镇政府应制定相关招商政策，吸引本外地优秀民营资本，充分利用古镇深厚的历史文化档案资源，形成以当地政府为主导，历史文化档案为依托，优秀民营资本为驱动力的"文化＋档案＋旅游"的新型商业模式，实现资本的有效注入，促进古镇档案资源的适度开发。

2. 丰富古镇档案资源开发的主题

（1）努力探索"档案＋文化＋旅游"的档案资源开发途径。旅游业是一项综合性产业，是传统村落发展经济和增加地方就业的有效手段，而旅游更是与文化密不可分，要利用档案资源发展社会文化的政策方针。基于此，作为历史文化古镇，更应将文化旅游与档案资源利用进行深度融合，进而达到双赢的效果。

古镇应该深入推进文旅项目的开发，但古镇档案资源开发目前大部分还是档案部门和文旅部门各自为营，融合程度不强。应该打造"档案＋文化＋旅游"的开发模式，设立专门的档案文化旅游经典线路、创建经典档案展览会、建立村史馆等，全方位地展示优秀传统文化，提升广大群众对古镇文化的认知水平和对档案的保护意识，持续创造档案资源开发的生机与活力。在日常管理中要以文旅需求作为出发点和展望点，深度挖掘出文化旅游与档案模式的独特魅力，在新时代文旅融合发展的背景下，实现古镇档案在文化旅游业上的深度利用。

（2）整合当地档案资源，着力打造古镇文化旅游特色。当前，古镇的历史文化档案资源开发不完整，古建筑档案和非遗档案得到了足够的重视，相应的文化信息得到挖掘，并形成了相对完备完整的档案资源。古镇应拓宽视野，立足于当下，结合文旅融合的背景，全方位、多角度完整地开发古镇的档案资源，形成一套完整的古镇档案资源开发流程。同时，在开发完成的基础上，根据历史文化与旅游为先决条件，对古镇的档案资源进行合理划分与整理，形成独特的档案资源管理体系。

（3）以文旅融合的时代背景为依托，加强对古镇档案资源的利用，探索出"档案＋文化＋旅游"的档案资源利用体系。相关工作人员应当将"开发流程""管理体系"和"利用体系"这三者有机地结合起来，完成对古镇历史文化档案资源多维、全面、系统的开发。

（4）从游客需求出发，打造个性化主题开发服务。在古镇档案资源开发这条任重道远的路上，应从游客的需求出发，加入个性化主题开发，使古镇更多有特色的档案资源被整合和利用，展示在游客面前。

吸引游客、带动古镇经济的同时，也使古镇档案资源的开发主题更加丰富。针对古镇档案资源中特色文化资源的开发，古镇可在魁星楼附近营造古代科考的场景，游客作为学子参与其中，给游客出一套关于古镇历史文化的科考试题，试题答案藏于各个景点的介绍中，当游客游玩各景点后来到魁星楼学堂答题，并将考试成绩的前三名称为状元、榜眼、探花，给予相应的奖励，给游客营造沉浸式文化旅游体验。

设立古镇名人轶事馆，通过展示名人档案介绍名人事迹体现特色文化，还可以在当地特色节日里举办特色活动，例如在老人节当天，景区向老年游客送上文创礼品，并广泛征集古镇中尊老爱老的故事，对部分故事进行归档整理，再通过档案展示的方式，让游客学习中华民族尊老爱老的传统美德。此类个性化主题开发服务，增加了游客与当地历史档案文化的互动，满足游客的体验感，同时也使得当地历史文化与档案资源可以得到更好的传承和保护。

3. 创新古镇档案资源开发的方式

（1）加大档案征集力度，提升文化旅游产品影响力。加强对民间档案的征集不仅可以丰富古镇档案资源，也利用了档案馆的对外平台，提升古镇的知名度。目前，南宁市兴宁区国家档案馆开展民风民俗档案征集工作，南宁市良庆区国家档案馆开展征集珍贵视频光盘，桂林市档案局抢救式地开展抗战老兵口述档案征集工作，东兴市档案馆积极开展国家级非遗档案征集工作等，均取得了较好的效果。

加大古镇档案的征集力度，拓宽档案征集的范围。征集工作结束后，对征集上来的档案资源可以结合原来的档案资源进行专题分类，打造符合紧跟时代潮流的档案类文化旅游产品，如：专题档案展览、专题档案知识小课堂、档案类文创产品等，加深古镇文化旅游内涵，提升古镇文化旅游产品影响力。

（2）引进先进数字技术，提升档案资源开发力度。古镇作为一个历史文化底蕴丰富的文明古镇，档案工作部门应从重视传统的人工档案资源开发模式转变为重视数字档案信息资源开发模式。通过精湛化的 VR、AI 等人工智能技术的参与，可以使得传统的文字档案聚图、文、声、像为一体，以全方位、立体化的形式展现给读者，同时电子形式的档案资源可以更便捷地流通，减少了纸质档案因借阅产生的损坏、遗失、难以按时归还等问题。

引入先进的数字技术可以使档案信息转化为数字形式，进而形成古镇特有的档案信息数据库，不仅可以为线下展览提供素材，同时还能通过线上的各种传播渠道，更高效地将进行档案信息资源共享，大幅度缩短了档案信息资源的开发工作周期，提高工作效益。与此同时，档案信息资源开发与读者的互动作为文旅融合背景下档案工作的一个重点，数字技术的引入就可以很好地解决这个问题，通过档案资源数字化，读者可以通过网络资源或者虚拟技术全程参与到档案工作中去，进而实现全程互动参与，这种互动化的档案信息资源开发得到的成果是大众智慧的结晶，更符合大众化的需求，直接提升了档案资源开发的力度。

（3）利用新媒体宣传渠道，提升档案文化的传播力度。古镇档案资源的开发应该抓住文旅融合产业发展这个新的风向标，以数字化时代丰富的宣传渠道为依托，深度利用古镇档案资源，提高古镇档案文化的传播力度，让游客们欣赏到古镇传统文化的魅力，促进古镇经济的腾飞与文化的进步。利用新媒体时代的多种宣传渠道，可以打造立体传播平台。

第一，利用微博渠道，建立古镇官方微博，在微博中发布相关的旅游咨询，邀请古镇老人拍摄系列短片，为古镇村民口述档案的开发打下坚实的基础。

第二，利用微信渠道，创建古镇官方微信公众号，在公众号中设置档案查询、资源导航、地情咨询等模块，还可创作专项档案的解析类专题文章。

第三，利用网站渠道，建立古镇数字档案馆官方网站，将古镇存放在景区内、档案馆、博物馆和居民家中的纸质档案、实物档案、音像档案等以图片、视频、VR展示等数字化的形式向游客展览。

总之，宣传渠道对于游客来说，都能不受时间和空间的限制，更加便捷地获取所需资源，同时也更促进了古镇档案资源的开发，增添了古镇文化与各地游客交流的渠道。媒介的多样性加速了古镇档案资源的传播，使更多的人了解古镇的故事。新媒体时代的存储工具是多种多样的，有利于档案长期的保存，使古镇文化源远流长。利用新媒体宣传渠道，更有利于古镇档案资源的整合、开发以及古镇文化的宣传，达到提升古镇档案文化传播力度的效果。

## 二、乡村记忆档案开发与旅游特色发展

乡土文化旅游是指以乡村为目的地，侧重以乡村文化内涵为主要对象的旅游方式，

注重乡村文化的多样性、历史性和独特性。乡村记忆 ① 档案与乡土文化旅游融合发展的实现路径如下：

### （一）优化档案管理体制，推动高效融合

实现乡村记忆档案与乡土文化旅游的融合发展，需要建立一个清晰有序、运行高效的管理体制，为乡土文化旅游的可持续发展提供长久保障。档案部门、文化旅游部门、财政部门等多部门横向协同，在顶层设计和统筹规划等方面形成合力。

第一，档案部门要对乡村记忆档案的收集、整理、保管、开发等进行整体规划，明确档案的收集范围和收集形式，参与制定档案的保管与保护制度，重视受损或重要档案的抢救和数字化工作。

第二，文化旅游部门要组织对乡村旅游资源的调查和记录工作，确定资源类型和开发方式，重点挖掘旅游资源的文化内涵。

第三，财政部门在资金方面应予以政策支持，加大对乡村记忆档案资源保护开发工作的投资力度，并积极寻求与商业机构、社会组织等多元化投资主体的合作。

### （二）运用科技手段，助力管理创新融合

乡村记忆档案承载着大量传统文化和乡村往事，融入现代思维的开发形式，是对乡土文化进行创造性转化和创新性发展的必由之路。要实现创新融合，必须加强对现代科技的应用。数字化乡村记忆档案资源可以帮助开拓乡土文化旅游的创新思路，数字化档案资源可以用于线上宣传与展示，通过制作全景地图、设计实时讲解系统等方式，配合线下实物和环境，立足于历史人文视角讲述乡村故事，让游客拥有沉浸式体验；还可以利用互联网营销推广旅游文创产品，建立筛选、设计、制造、交易、运输、售后等全方位的开发与销售流程，进一步促进乡村记忆档案资源的开发积极性和乡土文化旅游产业的发展。

### （三）丰富合作形式，实现管理多元融合

多元化合作形式是促进乡村记忆档案与乡土文化旅游融合发展的有效路径，不断丰富的合作形式有助于实现多方资源的整合。在合作范围上，可以是不同文化或者不同乡村的合作；在合作对象上，可以是乡村与企业、研究机构、艺术家的合作；在合作内容上，可以是跨领域开发、跨行业创新的合作。①与文化部门或者宣传部门合作。从乡村记忆档案中寻找具有代表性和教育性的古今名人及历史往事，以优秀思想文化价值为核心，打造教育基地和影视拍摄基地。②与高校或者研究机构合作。利用乡村记忆档案资源对乡土文

---

① 乡村记忆档案是指基层乡村组织在生产、生活和乡村治理等社会活动中形成的，具有保存价值和地方特色的各种形式、各种载体的原始记录，具有原始性、乡土性、文化性、多样性、差异性的特点。

化开展系统研究，将成果运用到旅游的规划开发中。③与博物馆或者图书馆等机构合作。比如，联合举办展览、生产联名文创产品、积极承办文化活动和会议等。

### （四）重视非遗档案，打造乡村特色融合

非遗档案集中了各种载体的与非遗相关的具有保存价值的实物、活动记录等档案资料，是乡村记忆档案的重要组成部分。很多乡村都是非遗的发源地和传承地，非遗档案也是乡村的特色旅游资源。通过开发非遗档案等特色资源，围绕非遗档案主题打造品牌，为其设计品牌形象和宣传活动，可以扩大非遗文化的社会影响力，从而带动当地旅游的发展。此外，在融合过程中不仅要关注非遗本身的展现，还要考虑游客与非遗档案的互动体验。

乡村记忆档案和乡土文化旅游的融合发展归根结底是对档案资源与旅游资源的整合，在有形和无形的乡村记忆中突出文化内涵，以生动可感的方式呈现给社会大众，让留存在乡村的文化遗产、古物古籍真正"活"起来。这种融合发展是长期的、动态的过程，需要持续地规划协调、开发建设、管理维护。乡土文化旅游在融合中汲取创新养分，乡村记忆档案在融合中焕发生机活力，二者相辅相成，共同为乡村振兴添砖加瓦。

### （五）合理规划管理评估，保证持续融合

档案资源和旅游文化资源的合理规划评估，有利于二者可持续融合发展。

第一，在旅游资源的选择上，应尽量选择外在特征明显或文化内涵丰富的景观、建筑、风俗等，深入挖掘与之相关的乡村故事。

第二，在档案资源的开发上，根据档案的主题内容、载体形式等特征，采取多样化的开发形式。例如，将档案作为史料来源和凭证依据；将档案作为旅游资源展览开放；对档案进行艺术化加工处理等。

第三，坚持"保护性发展"的开发理念，即在有效保护的基础上实现文化的传播与发展。可以整合乡村记忆档案资源，提炼民俗活动、民间艺术、手工技艺、方言俚语中的文化要素，打造文化主题活动和特色体验项目。

# 第三节　旅游档案微信公众号价值探索

微信公众号是开发者或商家在微信公众平台上申请的应用账号，是一种主流的线上线下微信互动营销方式。通过公众号，用户可在微信平台上实现同特定群体的文字、图

片、语音、视频的全方位沟通、互动。

## 一、微信公众号信息传播效果的影响因素

### （一）账号官方性

微信公众号账号官方性是微信公众号信息精准传播的重要保障，体现在账号名称及头像、认证信息、账号简介等基础信息内容上。其中，账号名称及头像是用户获取微信公众号信息时识别信息来源与信息类型的关键参照物。账号名称明确真实可促进用户对账号发布信息的关注度和信任度的提升。

账号头像也可以间接表现账号的类型，正式性的账号头像可以增强用户对账号信息的信任度，也能够强化账号所属机构的公信力。运营主体对账号的官方认证可佐证微信公众号传播信息的内容来源的可靠性和真实性，提高微信公众号信息传播的权威性和可信度，用户会倾向于阅览有官方机构认证或个人实名认证的微信公众号主体所发布的信息。而未经认证的账号往往会受用户冷落，其信息传播效果也自然受到一定的影响。

### （二）栏目功能性

功能建设是微信公众号建设的核心内容之一，吸引用户主动关注账号信息的重要途径，是账号信息传播效果产生的重要来源，主要体现在账号栏目设置上。运营者依据运营需求可以设置 1 ~ 3 个一级栏目，且每个一级栏目下还可以设置多个二级栏目。栏目设置的功能性主要以栏目内容、栏目结构、标题表达等表现。账号栏目涵盖内容反映了微信公众号功能建设的全面性，栏目内容的广泛性和微信公众号的功能价值之间呈正相关关系。账号栏目结构体现了微信公众号功能建设的合理性，一级栏目之间、一级栏目与二级栏目之间清晰的逻辑关系都是栏目结构合理性的具体体现。此外，推文标题表达体现了微信公众号功能建设的明确性，表达明确的栏目标题可以引导用户更精准的获取所需信息。栏目内容、栏目结构、标题表达等方面的栏目建设要素越全面、越实用，微信公众号的传播效果也会随之提升；反之，如果这些栏目要素建设不佳，则会流失部分用户群体，进而影响微信公众号的信息传播效果。

### （三）推文质量性

微信公众号的信息传播工作方式最灵活、效果最显著的是推文传播。推文传播也成为微信公众号吸引用户关注、提高信息传播范围的重要途径。因此，推文质量性是微信公众号信息传播效果的重要来源。推文主题是否具有价值性、推文标题是否具备吸引力、推文内容表达形式是否具有丰富性和创新性，都决定了最终推文的质量性，影响着用户对账

号内容的关注度。优质的推文内容会推促微信公众号的潜在用户群体向实际用户群体转变，逐渐增加账号的活跃粉丝数量。而低劣的推文则会导致用户流失，降低微信公众号的信息传播效果。此外，一定程度上，微信公众号的推文质量体现的是微信公众号所属单位的运营态度，所以推文的质量可能会影响用户对运营单位的态度，正向会推进用户继续关注微信公众号所属机构的其他活动；反之，则会导致用户对账号所属机构产生抵触情绪，影响机构其他活动的开展效率。

### （四）运营科学性

发文时间、发文频次、发文数量等运营习惯是否科学亦会影响微信公众号的信息传播效果。科学、合理的运营习惯可以帮助微信公众号的信息传播达到事半功倍的效果。由于用户的阅览习惯不一，在不同时间段的发文所产生的信息传播范围也不相同。与发文频次较少或者发文频次的周期特征不明确的微信公众号相比，发文频次较多且呈周期性发文规律的微信公众号的信息传播有助于用户形成较为固定的阅读习惯，帮助微信公众号增加更多固定用户群体，从而提升微信公众号的信息传播效果。此外，运营者的发文数量差异也会影响账号的信息传播效果，发文数量过多则会引起用户的阅览疲劳，同时发布的多篇推文的阅览量也可能存在显著差异，但如果发文数量较少，可能会造成受众聚集的机会资源的浪费。

### （五）社会交互性

微信公众号信息传播的主要对象是关注微信公众号的直接用户群体及通过其他途径（如：自主搜索、他人分享等）获取公众号信息的潜在用户群体。微信公众号信息传播的目的是将信息传递给用户群体。因此微信公众号信息传播效果也受用户价值实现情况的影响，即微信公众号的社会交互性。与用户之间的有效沟通，可以帮助微信公众号获取用户需求与反馈，为微信公众号的后期信息传播工作提供精准指南，随之也会优化微信公众号信息传播效果。微信公众号常用的交互渠道的建设主要集中在网络问卷调研、推文留言收集等方面。

## 二、档案微信公众号运营的优化策略

### （一）完善账号推文的内容质量

任何类型、任何形式的档案信息传播工作的开展都需要有丰富多样的内容资源保障，档案机构微信公众号信息传播工作亦是如此。档案机构只有在微信公众号信息传播工作开展初期，做好全面、优质的信息传播内容建设的预备工作，才能为账号推文和栏目设置提供多样、精彩的内容基础。

档案机构应为自身微信公众号信息传播工作的开展构建账号运营内容资源库。要提升微信公众号的信息传播效果，在账号运营内容库建设完善的基础上，档案机构还需要精选推文主题，并且丰富推文的表达形式，从而提升账号推文的质量。重点挖掘有价值的历史档案资源，也要时刻关注热点话题，并且基于时事热点推送相关主题的文章，也可以从热点话题内容讨论或者热点话题的相关档案公开等角度，借助当前热点的吸引力，吸引更多受众关注账号的推文信息。此外，档案机构从呈现形式、标题结构、评论选择等各个微信公众号信息传播的表达形式上再次深度加工，提升账号的吸引力和感染力。

### （二）科学规范账号的运营管理

对于微信公众号的科学运营管理，首先是需要档案机构规范账号基本信息的内容设置，并且完成机构账号认证，提升账号的公共性和权威性，为潜在用户群体提供清晰的身份指引，扩大活跃粉丝群体。档案微信公众号信息传播效果的提升需要从用户角度发散管理思维，推敲用户使用微信的动机和需要，契合用户科学规范发文频次、发文数量和发文时间等基本运营要素。

其次，档案机构可以利用新媒体舆情监测平台，对档案机构微信公众号的各项传播指标实时监管，并定期汇总传播数据，再结合档案机构微信公众号的信息传播内容、形式、渠道等，制定针对档案微信公众号的信息传播效果评价体系，并将微信公众号信息传播效果评价纳入档案微信公众号信息传播工作的重点范畴，强调制定的信息传播效果评价体系的实践应用可行性。

此外，档案机构还须积极关注同类机构中微信公众号信息传播指标数据较好的账号以及非同类机构中的微信公众号运营佼佼者，并分析这些信息传播效果较好的优质账号的运营策略，结合自身账号的实际情况吸取经验，并且应用于自身账号的实际运营中，推促档案机构微信公众号的信息传播效果的持续提升。

### （三）提升档案人员的综合素养

由于微信公众号的可操作性较强，科学有效的微信公众号运营需要有协调的人员环境，一方面档案机构需要强化现有馆员的素质培养；另一方面还须加强复合型人才的引进工作。在微信公众号建设初期和运营过程中，都应重视其馆员的专业能力、信息素养的强化。

良好的档案专业知识能力是档案馆员参与各项档案工作的基础。档案机构可以定期或者不定期开展对档案工作人员的专业知识和技能的培训工作，为馆员创造学习和提升的机遇。档案机构还应开展对档案工作人员专业能力的抽检工作，并且为综合提高工作人员专业素养的考查制定统一的评判标准，从而可以客观评价其的专业能力。档案机构还应设置奖惩制度，提高馆员的能力提升积极性，从而为档案工作也注入活力。考虑到档案机构年龄层偏中年及以上的馆工作人员居多，对信息的敏感度、洞察性较差，也不利于档案机构档案工作的创新，在微信公众号开展档案信息传播工作的价值性也被轻视。因此，档案机构需要面向工作人员积极开展信息素养方面的培训课程，强化工作人员对信息的敏感度。

## 三、旅游档案公众号的价值发挥措施

### （一）创设游客凝视方式

在游客出行半径缩短、市场对周边游产品认知强化的背景下，档案馆微信公众号可借助文史资源馆藏和本地用户群体优势，利用创设游客凝视的方式，在当地及周边场景发掘和建构不寻常的景观，激发旅游动机。

观看独一无二的目标是建构游客凝视的方式之一，旅游档案微信公众号的推文来自档案馆供稿和用户群体（多为当地或周边爱好江南文化的人士）投稿，主题是关于旅游城市的历史文化、风土民情、乡愁回忆等，这种供稿渠道、用户群体和征文主题保障档案馆公众号持续输出独一无二的文旅风景。

推文让用户观看熟悉而又陌生的画面，在不寻常场景中的普通层面来创设游客凝视。全文可以不断让用户从熟悉的场景走出，从历史文化老街印象中走出，从名人高位中走出，走进艺术天地，给用户带来"眼前顿时一亮""其震撼力不是语言所能表达""轻松而美好""你会不自觉地想与它合影"等体验。文章可以号召用户去宣传的城市看艺术天地，从而完整地完成游客凝视的建构和指向，于阅读间培育旅游常见心理情感，让用户感受旅行中的愉悦与惊喜，对熟悉场景中的旅游层面产生向往。

### （二）发掘本土旅游遗迹

提高文旅产品性价比可从提升景观新鲜度和游客文化获得感两方面入手，档案馆微信公众号可发挥挖掘和推介本土新鲜景观、注入文化内涵等得天独厚的优势，向潜在消费群体"指出"鲜为人知的本土遗迹或历史文化层面。

旅游档案微信公众号可以以当地遗址古迹为其重要的研究对象，开拓档案馆公众号以文促旅的潜力和优势，推介本土历史文化景观。微信公众号发掘本地小众景观，并在推介过程中呈现高品质的景观文化内涵，让游客感知该景观的高性价比和高价值。建议在文化景点推介上发力，从以文史为重转为景中含文、化史入景，在开发和推介小众文史景点方面，联合相关部门为新的景观命名、提升景观地位，并依托文史资料赋予景观文化内涵，给游客以值得观看的指向，引发游客对景观的凝视和敬意。

## （三）突出旅游景观特色

旅游消费主要是一种视觉消费，档案馆微信公众号可依托档案史料，在一定程度上还原历史文化风貌，提供景观视觉范式。游客希望看到和获得愉悦的是那些与当地文化氛围相称并反映地方特色的建筑，这些特色最真实可靠的来源之一就是档案资料。旅游档案微信公众号可以将翔实的档案史料，生动地展现在人们眼前，能够为文旅部门设计和宣传当地及周边商业街景提供抓手，有助于避免同质化竞争。

档案馆微信公众号应在内容和版式设计两个方面展现景观的时代、地域和民族特色，满足游客日益增长的文化和审美需求。在更新公众号运营理念的基础上，景观推文应基于对档案史料的研究，在内容和审美方面突出该景观与本地同类、其他地域同类景观的区别。在推文版式设计方面，可将特色建筑元素融入版面背景；文旅宣传拍摄从建筑实景拍摄转变为彰显特色的艺术海报、视频拍摄，注重传递文化意境、故事性和愉悦感；联合文旅部门设计结合本地文化和现代审美的文案等，满足大众精神文化需求。

档案馆在推动新时代文旅高质量发展，发挥文化引领旅游、教育人民、服务社会、推动发展作用方面，肩负重要责任。档案馆工作者应当正视和把握文旅产业和新媒体传播的规律和趋势，积极探索档案馆微信公众号在地方文旅融合发展方面的功能和路径，打造优质宣传平台，以文化铸就旅游产业的动能和内核，巩固当前优势互补、双生共赢的良好局面。

# 第四节　非遗旅游资源开发与档案保护

非遗是传统文化的重要组成元素，也是其显著性的代表。非遗是指各群体、团体、有时为个人所视为其文化遗产的各种实践、表演、表现形式、知识体系和技能及其有关的工具、实物、工艺品和文化场所。

## 一、非遗旅游资源开发

发展旅游业与非遗的保护、传承和利用存在着密切的联系，两者既对立，又统一，合理地、有度地开发利用是保护传承非遗的有效途径，可以实现双赢和可持续发展，探寻非遗与旅游产业融合发展路径具有重要的现实意义。

非遗和旅游业的融合发展已成为一种新发展态势与大趋势，融合发展终极目标是实现我国文化资源开发利用和旅游市场的产业升级。非遗与旅游业融合是指以非遗为核心的旅游资源，依托旅游产业和文化产业，在非遗文化生命力、旅游产业拉动力，政府政策保护力等共同作用下，两者共享资源、共享市场、共享技术，形成非遗旅游这一新兴产业业态的渐进过程。

## （一）文化价值与形式的融合

非遗保护与旅游产业的融合发展是指文化价值的融合和文化形式的融合。

第一，文化价值的融合。非遗产生于特殊时空环境，植入了独特文化基因，具有群体性和大众参与性，这使得非遗的价值变得丰富和多元。非遗产生本身就是群体文化创造、随着演变其文化体系和观念变得日趋成熟和完善。从本质上来说旅游开发是文化开发，支撑旅游发展的基础是深厚的文化内涵，非遗独特文化性以及旅游的本质属性使两者有了交汇，其交汇点就是文化。非遗输出了文化，旅游将文化加以利用，又对非遗进行滋养，文化就在这样的循环中不断演进。

第二，文化形式的融合。非遗多种多样，类型差别较大。每种非遗有着其自身传承路径和演变路径，文化遗产价值展现既可以通过其载体来表现，也可以通过其本身遗传密码。非遗具有多样化的表现形式，可观赏、可体验，这正好契合了旅游者对旅游提升参与性的诉求。

## （二）非遗旅游资源的活化路径

非遗具有极大的旅游资源开发价值，适合打造成动态的旅游项目。例如，郑州非遗的活化发展，有利于增强郑州旅游产业的文化价值和旅游地域的吸引力。

郑州非遗活化路径选择如下：

### 1. 博物馆立体动态展示模式

作为兼具文化与旅游双重属性特征的博物馆应该成为非遗活化的窗口之一。由于博物馆具有先天文化资源的优势，越来越多的游客选择到博物馆打卡，家长更是选择带着孩子到博物馆一睹历史的风采。以文字与图片将郑州非遗的来龙去脉、前世今生及未来发展完整地展示在游客面前是博物馆擅长的展示方式。但是在深受"快餐文化"影响的时代背景下，很多游客不愿静下心去阅读过多的静态文字和图片，导致其对非遗的了解大多停留在表面。因此，为了使郑州非遗活起来，博物馆可以通过开展游客参与制作传统手工艺和三维数字化呈现等相关活动，去真实地还原非遗，让参观者不仅限于看到、听到，更能"摸到、做到甚至嗅到、尝到"，使其有身临其境的参与之感。

### 2. 非遗与旅游相结合 + 节庆模式

非遗与旅游的深度有机融合，不仅仅是简单的优化旅游线路，或者是照搬非遗造型缩影的旅游产品，而是需要根据非遗项目进行分类研究，深度挖掘非遗项目内涵与旅游景区的契合点，从而进行研究开发，目的是增强游客真实的体验感。因此，民俗类非遗应结合节庆优势、还原民俗的产生的时代与条件，在恰当的时间节点以节庆的形式活化郑州非遗。

### 3. 深入研发文创产品模式

文旅融合的背景下，郑州非遗应具备其独特的文化符号和地域特征。文创产品研发人员的创意来源于非遗项目传达的文化内涵，所设计的文创产品在具备一定实用价值的基础上最重要的是能够让购买者产生互动与体验感，加深对郑州非遗的记忆与认识。当然，郑州非遗文创产品的研发还应具备时代特色。随着数字化技术的不断进步，郑州非遗的文创产品应与互联网结合，在互联网相关平台进行宣传与营销，使文创产品进入线上线下购物模式，最大限度地为游客提供便利，也提升其自身的影响力。

### 4. 全民参与模式

郑州非遗的活化依赖于人，虽然国家、地区政府大力推广及支持非遗的发展，推出资金补贴、场地给予等方面的具体支持措施，还建设了非遗发展与传承基地，但是仅仅依靠非遗人及"非遗"基地是不够的，需要提升全民对非遗的文化自信与认可度从而参与与支持。以本地社区居民为切入点，带动非社区居民，提升对当地非遗的感知力，使人们从知道到了解，再从了解到喜爱和传播，如此就能让郑州非遗活在大众心里，才能更好地传承和保护郑州非遗。

## 二、非遗档案保护

非遗是重要的社会记忆，非遗档案是档案家族的新成员，非遗档案是系统地记录和全面地反映非遗本来的面貌，以及对相关保护工作演变过程的客观记录。非遗建档保护是指运用档案学的理论与方法保护非遗，使非遗物化的过程。用档案建构非遗记忆，使得非遗记忆得到保护、传承。

### （一）非遗保护与档案工作的功能互动

#### 1. 档案工作对非遗保护的意义

非遗资源由于其活态性而不易保留与保护，并且不容易传承给后代通过收集和记录，建档、开发、利用、传播等建立完整的非遗档案。全面掌握各地非遗资源的现存状况、类别、数量、分布、已开展的保护以及存在问题，利用文字、音、视频、多媒体数字化等手段，形成客观、完整的记录，建立非遗档案和数据库。更好地保护社会记忆，保护民族文化，保护世界遗产。非遗档案主要包括非遗项目档案和非遗传承人档案，与普通的档案相比，这两个档案在管理和利用方面具有更大的复杂性和技术性，管理和使用需要特殊技术维护和专业人员开展。对于随时间不断地更新非遗档案文件，管理过程中的档案还要注意及时收集最新的传承人的动态，并积极建立新任传承人的档案。

在非遗保护工作中，档案馆为非遗保护工作提供了丰富的档案史料。由于非遗项目的申报需要丰富的资料来论证保护的必要性和其价值，体现国家的文化内涵和民族特色，馆藏的档案史料在非遗项目申报中发挥了重要的作用。由于历史档案中包含着丰富的非遗内容，根据馆藏已有的历史档案资源重新塑造和再现非遗资源，非遗需要档案将其物化，并将其文化内容以固态信息的形式予以呈现，档案是非遗资源文化传播的重要载体和传播媒介，建立非遗档案加以保护和传播。在保护民族优秀文化和守护国家文化记忆的新时代，此举更是得到社会的认可和重视。档案馆更加重视本馆收藏特殊的档案。如：辽宁省档案馆发出公告，面向全社会征集各类历史档案资料，如：东北大秧歌、踩高跷、皮影戏等。

档案工作为非遗保护提供经验与技术支持。中国的非遗系统还不尽完善，在充分借鉴现有档案工作的基础上，根据档案整理与分类的理论方法建立非遗资源类别，加强档案部门对非遗保护工作的管理和参与，建立非遗信息备份制度和灾难恢复系统，使档案馆真正实现非遗资源的备份和统一保管，有助于防止突发性灾难对非遗资源的破坏。根据工作的需要还可以为非遗保护工作提供基于档案管理的指导和监督，便于对非遗信息进行科学合理的管理。此外，还邀请档案专家参与非遗信息资源档案管理方法标准的研究和开发及相关培训，并派档案人员参与非遗数据库建设和非遗建档工作等。

2.非遗保护工作对档案工作的深刻影响

保护非遗资源的目的是人类的可持续发展，继承和保护民间传统文化，保护传统民俗文化。非遗保护的开展，拓展了新时期的档案学科阵地，点燃了新的档案事业使命，提高了社会档案的意识，更赢得了档案工作的认可和尊重。

丰富了档案种类，开拓了档案研究的新方向。非遗保护的发展，客观上促进了非遗档案的建立，从档案的载体类型和档案内容等方面大大地丰富了档案的类型，从无形文化遗产到非遗档案的物质凝固形式，通过建立述档案，可视化档案和照片、录音、文本档案等保存了文化和记忆。面对非遗档案这种新的管理对象，档案工作人员应积极探索新的管理方法，为新时期的档案工作实践注入了新的活力，同时，它也为档案理论研究提供了生动的素材，档案科学的研究越来越深入，研究的领域变得更加开放，可以说，新的时代开启了档案学研究的新思维。

加强与外界的联系，提高社会对档案部门的评价以及档案部门参与社会活动的能力。档案部门应积极参与非遗保护，与其他各部门密切配合，积极发挥作用，加强与各单位的联系和沟通，主动宣传档案工作，为档案工作挖掘新的发展空间和社会价值，通过专业的技术和管理方法最终实现非遗管理的规范化和标准化，增强档案部门在社会活动中的参与能力和社会认可度。

举办展览是非遗保护与传承的重要形式，通过民族文化和集体记忆的宣传，使更多的人了解民族文化，了解民族特色和传统习俗，从而达到了解、喜爱、保护民族文化和社会记忆的作用。在非遗保护实际工作中，利用档案帮助申报非遗，结合各种节庆日，适时地举办展览，丰富百姓生活，同时达到宣传和教育的目的，让公众了解、认识和熟悉该文件，从某种意义上说提高了社会公众对档案的认识，提高了公众的档案意识。

总之，在社会发展的今天，社会记忆理论指导下的档案记忆观理论的逐渐成熟，在此理论下思考非遗与档案二者的关系，两者更是有着相同的文化、记忆属性而被联系在一起，共同承担着民族记忆的传承和国家持久发展的历史人任务。社会记忆视角下的档案学科功能所诠释的档案具有社会建构功能，用建档方式去保护非遗资源有着现实的基础和未来前景，它可以更好地管理和保护非遗资源，保护人类的社会记忆，也有助于促进民族文化传承与国家文化的弘扬。

### （二）非遗档案的类型

第一，非遗本体档案。非遗资源是我国文化资源中重要的组成部分，在历史发展过程中不断累积和延续、留存，对于这部分资源我们称之为非遗本体档案。非遗本体档案主要是指非遗产生、流变过程中的相关的文字、图像、音视频以及贴近真实场景的实物等资料。本体档案对非遗的动态建档、活化传承都至关重要。

第二，非遗项目档案。非遗项目档案是指非遗项目开始申报时形成的文字材料，再到非遗项目申报成功时的各种国家认定和批复的文件，再到非遗项目申报结束后的后期保护和传承过程中形成的相关文件。

第三，非遗传承人档案。非遗传承人档案是非遗档案的重要内容，也是保护非遗记忆的重要工作，因此，建立传承人档案并对其进行建档管理，可以较好地掌握非遗保管情况，对传承人自身信息以及作品信息的建档管理，有助于辅助非遗项目的管理，为非遗未来的研究提供决策依据。非遗传承人档案是指传承人在人统计学意义上的个人信息以及最基本的功能性信息。记录和反映非遗主要传播、习承者个人的统计信息，如：传承的内容、渊源和途径，以及政府有关部门颁发的资质认定证书等。

第四，非遗口述档案。非遗口述档案是重要的档案资源，在近年来逐渐为大家所熟悉，并且其史料价值和文化重要性更是得到强化。在非遗法中规定了非遗的分类包括口头文学以及作为载体的语言，那么这些非遗档案的保护就需要依据档案学理论中的述档案的管理方法去施行建档流程、开展保护和管理等相关工作。

### （三）非遗建档保护的框架与建档流程

非遗建档的过程实际上是自身传承与建构的过程，是在社会记忆视角下审视非遗作为人类社会记忆的重要性，以及社会记忆理论观照下档案和档案工作的新的功能和方向。

建档工作是非遗得以继承和传播的重要前提，非遗是集体记忆的程式化表现，体现着民族优秀的文化，这种集体记忆的外在形式通常表现为各种仪式的记录，集体记忆作为文本必然受到社会因素的制约和影响，如：记录者出于个人价值观的选择性录入和保存，或出于现实对历史事件的回溯。这种建构是一种选择性的保护，是积极主动的建构，赋予了建构对象一定的要求即"优秀的"传统文化，这也是"档案化"的过程，非遗档案的形成过程是相对的真实，对非遗资源进行如实的拍摄和记录，并形成非遗档案进行数字化存储，据此申请和形成各种非遗项目、确定非遗代表性传承人。这是国际层面上保护非遗的重要性措施，将世代相传有杰出代表价值的非遗固化保存，这在今天具有很大的现实可行性。

1. 非遗建档保护的目标

非遗建档保护的目标如下：

（1）建档保护的总目标是从社会记忆视角入手，从非遗整体观出发，以非遗资源科学管理为着眼点，通过普查、记录、建档、数字化保护等工作的开展，真正实现保护非遗记忆的目的，形成科学的非遗信息资源存储—组织—检索—利用—传播模式。

（2）分目标包括非遗建档工作和非遗档案资源数字化工作。非遗建档的过程同时也是对非遗整理、储存、保护的过程。通过普查、收集到一手的非遗档案资源，并根据现实的需要，采用合适的存储载体，将其物化形成各种介质的非遗档案，包括纸质档案、电子档案、音频、视频等。

2. 非遗建档的流程

非遗建档保护目前没有统一的工作流程，需要根据其自身特点，结合档案学建档的管理理论和非遗保护工作实践，按照档案管理学中建档的环节进行设计和初步探索。本文将非遗建档工作分为三个阶段包括建档前准备、实施建档、建档后的管理。每一个阶段又包含若干个具体的环节。建档前准备阶段包括普查、收集、鉴定、整理；实施建档阶段包括立档、著录、鉴定、保管；建档后的管理阶段包括开发、利用、鉴定、传播。在非遗建档的每一个环节中都有着明确的工作内容和具体实施要求。非遗建档的流程如下：

（1）非遗的普查和收集。在非遗普查过程中，严格执行相关行业管理规定，把普查作为保护工作的抓手，有序地、完整地、严谨地完成非遗保护工作。在充分利用和研究已开展的工作基础上，因地制宜地制订普查方案，组织非遗状况调查，全面了解和掌握各区域、各民族非遗资源的基本概况，非遗的类型、分布、保护现状、面临的主要问题等。借助多媒体的表现手段和互联网＋的技术手段，建立起非遗资源的数据库。因此，在此文件精神的指导下非遗建档保护工作首先需要从普查工作开始，了解该地区非遗分布现状、形态、载体、展示方式等特征，保管和现存情况、历史背景和传承情况等。非遗大多数散存于民间，其收集工作相较于传统档案的收集工作更加复杂与困难，必须运用征集、接收、史料挖掘、代存、购买等多途径多渠道开展收集工作。

（2）非遗档案的鉴定。非遗资源具有自身的特性，历史沿革带来的冲击，及相关的自然、社会、人文环境变化带来的建档保护方面的问题，是档案管理者面对的空前的挑战。首先，在非遗档案鉴定领域，必须结合本学科的鉴定理论，又要根据鉴定对象的不同特点有所变化。

鉴定的组织与实施如下：

第一，鉴定的主体。非遗档案的鉴定需要多方社会资源的投入，鉴定的主体除了非遗资源的管理部门如各级文化部门和非遗资源的主要承载者，如：传承人、表演团体等，还需要高校相关专业的研究人员以及社会公众的介入。其中，以文化管理部门和主要承载者为非遗档案鉴定的主要参与者，多方鉴定主体的引入可以避免在界定非遗资源时发生法律权利方面的纠纷，以及在非遗档案利用中出现为少数人操控的问题。需要强调的是，鉴定主体的多元化并不意味着权利的分解。非遗档案的鉴定职责主要由文化管理部门承担，传承人是载体的合法拥有者，可以拥有相应的民事权利。

第二，鉴定的标准与方法。非遗档案鉴定有自身的特殊性，依据物质形态的档案鉴定流程必然会遇到一些难以解决的问题，因此，在非遗档案鉴定工作过程中，必须要改变一般档案鉴定的工作程序。

以档案内容作为鉴定标准。根据现行中国非遗项目申报与管理标准，非遗项目档案的价值基本与申报单位本身的行政级别有密切关联，从上到下依次是国家、省、自治区及直辖市、地级市、县。具体内容鉴定方面，常规流程是由县级单位逐级上报，并由相应各级文化管理部门履行内容鉴定职责，出具相应的鉴定书面认定，因此，可以依据报送单位的行政级别考查非遗档案的内容价值。

来源标准。来源标准是按照档案的形成主体，可以是官方机构、正式或非正式的民间组织，个人等所有能够收录、保存档案的行为主体来区分。主体能够调动资源越多，形成的档案价值越高，具体到非遗档案资料鉴定，如有来源主体为个人或民间组织，往往其私密性和珍稀性更强，因而价值更高。

形式标准。档案的形式特征包括档案的载体、介质，传播方式等。非遗档案的形态和留存方式多种多样，从载体的角度划分述、纸质、电子等有形的物质形式，另外，还有记忆、流程、仪式等非物质形式，无论是有形的，还是非物质形态，均应结合时间、影响力及珍稀程度等作为价值鉴定标准。

时间标准。著名档案学家迈斯奈尔认为，档案的价值与其形成年代密切相关，年代越早，留存越少的档案价值越高，即著名的"高龄档案受到尊重"的原则，非遗档案形式多样，其中大部分都使用时间标准，依据成型时间对非遗类档案价值进行鉴定，具有较高的准确性。

价值鉴定是档案后续工作的开端，非遗类档案由于其自身特点，使得该领域的档案鉴定工作显得更为复杂，结合上述标准，本文认为，在实际工作中可以考虑采取档案保管期限表来辅助非遗档案价值鉴定，根据申报单位的行政级别和档案本身的历史年限，采取分类保存法，如国家级非遗档案保管年限一般都应列入永久保存范围。省级、市级、县级分别暂定为 20 ～ 30 年，期满后进行再次评估定级。

（3）非遗的整理。非遗档案的整理工作主要是指分类和整理工作。分类和整理是相互伴随着进行的。

第一，非遗档案的分类。主要有两个方面的内容：全宗的分类和全宗内档案的分类。全宗的分类应该依照世界教科文组织、中国非遗名录对非遗的分类方法进行，即将全部非遗档案全宗根据其所属的非遗类别进行划分，使之系统化、有条理，方便查找和利用。全宗内的分类是指一项非遗相关的所有档案，按照它的内容、载体形式或者时间等特征进行分类，使其进一步条理化、秩序化，便于保管和利用。档案馆是此项工作的主要负责部门，依照分类法进行类别划分。非遗档案全宗内档案的分类可以采用多种方法，如：先按照非遗档案的某个特征分为大类，然后再根据其他特征，将全宗内档案分为小类。实体档案的体系结构、类目的具体设置、顺序安排都应该从实际工作出发、突出遗产的民族性和传统文化性。最终确定统一的实体分类体系。

类目的设置要保持一定的稳定性，类目的排列、档号结构的编排要符合逻辑规律，使得各类之间、各类相同数字之间的划分标准一致。所有地区、城市、县都可以在类目设置、顺序编排、排架、检索等方面制定适合地方的方法，并具有一定的弹性。建立非遗档案类别，可依据国家非遗名录规定的非遗分类标准：民族文学、传统手工艺技术、传统民族舞蹈、游艺、述史等。

第二，非遗档案的整理。非遗档案整理除沿用档案学本学科的基本理论之外，可参照系统论的相关原则，根据非遗档案内部之间有机的、系统的联系组建为可进行信息交换和数据挖掘价值的资料库，具体来说，非遗档案的整理应遵循以下原则：保持有机联系的原则、动态整理的原则、分级整理的原则。

（4）非遗的归档。非遗的归档工作包括档案的存储和著录，是对非遗资源实施物化的过程，将活态易逝的记忆转化为可永久保存的固化记忆，使记忆外化的过程。非遗建档也是民族集体记忆的建构过程，它是社会记忆留存和文化遗产保护融合并进的过程。在这里是指具体的档案业务工作，也可以称作为"立卷归档"，非遗档案全宗内的档案经过分类后，只是按已定的规则将同一类别的档案分到一起，每个类别内还有一定数量的档案，需要进一步完善，使之条理清晰。这就需要将同一类目的档案进行立卷，即以"卷"为单位，形成具有一定联系的档案文件组合体。立卷工作是指编制档案的基本信息，基本条目有建档单位，卷宗主题，资料序号下级分类标题等。非遗全宗内档案的分类是立卷的基本工作，每一次分类需要使用一种标准，将全宗内的档案分为若干类别，而立卷则可根据非遗档案的特征使用多种标准，将联系密切的档案文件分为同一卷宗。一方面，我们必须注重对传承人的建档。建议对传承人进行"跟踪式"的调查，对传承人个人、家族信息和传承人项目保护的过程，以及传承历史脉络、历史背景和当前开展的教育活动，不间断地进行记录。另一方面，要加强对非遗项目申报的原始资料的收集和整理。包括：各种文字材料、申报过程中的项目补充材料，以及相关的访谈稿件等。

（5）非遗档案的保管。非遗档案的保管是最终实现相关资料的档案价值的最重要的一环，非遗档案有其自身的特殊性，如：非物质性、动态性、活态性和交流性等因素，在日常保管工作中与其他类型的档案有着较大的差异，因此必须重视和加强管理。非遗档案保管的原则包括：实体分散、信息集中的原则；分级保管、重点保护的原则；载体多样化的保管原则。非遗档案保管应依照国际通行的做法，实行责任分级，信息集中的工作思路。重要的或不可移动的非遗档案资料可以保存在其源生地和部分组织手里，但为了使用和查找方便，非遗档案信息通常由最高行政级别的管理部门统一保管。

3.非遗建档保护的保障机制

非遗的传承与保护是非遗建档保护工作的重要任务，完善与健全非遗的传承机制，使非遗能够世代生生不息、永续发展；使保护与传承工作更加符合非遗自身发展规律，更加科学、稳步地开展。非遗建档保护的保障机制如下：

（1）非遗建档保护的组织保障。保护非遗的工作主要由政府相关部门组织和规划，社会中的群体和个人可根据自己的兴趣或研究专长参与非遗建档保护工作。但由于参与本领域工作需要较高文化素养和科学素养。因此，在实际工作中，引入熟悉目前非遗项目的研究者非常必要。对非遗保护感兴趣的学者主要分为两类：①来自高校和科研院所；②基于共同兴趣或研究需要组合在一起的社会团体。

（2）注重非遗传承人及地区民众的广泛参与。完善公民广泛的参与机制，民众在我国非遗的保护与发展过程中起着非常重要的作用，非遗保护政策制定过程、非遗工作的开展以及实施过程都需要公众的广泛参与。要实现非遗保护，实现社会的广泛参与，必须完善公民的参与机制。

第一，加强公众参与政策制定过程。在制定非遗保护政策过程中要广泛听取公众的意见和建议，以此作为政策制定的依据；在政策发布之前，制订政策草案时要听取他们的意见，由公众对其进行评估和讨论，并采取合理的建议。

第二，促进公众参与非遗保护工作。在保护非遗时，应注意尊重和保护非遗持有人和传承人的权利，不可侵占其传习所用的场所、禁止为了经济利益而过度开发非遗，积极开展相关非遗传传承和传播活动，鼓励人们积极参与非遗的创造和传播。

第三，增加公众对非遗保护工作的监督。我国的非遗保护应该遵循"政府主导、社会参与"的工作原则。非遗的保护和管理应遵循这一原则，建立电话、网络等多种渠道，及时揭露各种违背非遗保护原则的情况，消除监督阻碍，鼓励和支持相关工作的公众监督。

（3）非遗建档保护的协调发展保障。非遗建档保护属于文化性质的工作，在文化保护中引进科学技术是中国社会发展的必然要求。在非遗建档中融入科技力量就是利用现代的科学技术，更好地将非遗优秀的民族记忆保留并传承下去，具体体现在如下几个方面：

第一，选择建档的记录载体：非遗由于其承载的文化信息具有活态性，随着时间的推移不易长久保存，对此需要将其内容物质化，也就是说，通过建立非遗档案记录非遗的过程，将其内容信息固化，达到传播与传承集体记忆和民族文化这一目的。新的科学技术带来了新的发展契机，文化与科技完美地结合，更有利于文化的传承，也更适合时代的发展需要。无疑记录载体的进步为非遗建档提供了丰富的物质载体，更有利于非遗社会记忆的原汁原味记录和存储，也为人类社会文化和记忆的共享提供了可能。

第二，非遗保护手段方面：在非遗建档过程中，科学技术的运用大大地提高了非遗档案的保管。通过现代多媒体技术、虚拟现实技术、宽带网络、人工智能技术等先进的技术，基于计算机与网络环境开发各种软件辅助管理和保护系统以及数据库，将非遗相关的文字、图像、声音、视频利用三维立体技术提供数字化存储，并最终建立虚拟的博物馆、展览馆等，可以达到信息共建和共享，有利于非遗的保护和传播。

第三，非遗展演方式方面：非遗资源由于其活态性，在传播和传承过程中必须保证其文化本真性，对其进行展演必须保证维护其非遗原貌。传统的做法是举办展览，以及身体实践表演等。

如今，随着信息科学技术的发展，非遗档案资源可以实现数字化存储和网络化传播。数字资源建设和传播平台建设是提高我国非遗展览的效率、效果的基础工作，利用元数据、数据仿真、打印以及资源图谱等技术，对非遗档案资源进行重新整合和规范，形成开放的数据库。这些数据通过 APP、微博、微信等平台，不断扩大非遗信息资源传播的范围，提升非遗档案信息资源的社会传播效率。据资料可知，福建省文化厅举办的"福建数字非遗主题展"，它采用了高科技展示与传统表演相结合的方式，对展览的形式和内容进行了新的尝试。分成六大区域——"数字博览苑""映像非遗""传承人展示""游戏互动""成果荟萃""茶艺展示"，全面介绍福建非遗精粹与保护成果，数字技术为文化的传承与保护提供了广阔的发展空间，在"数字化博览苑"部分，3D 全景技术的应用，使得观众可以通过电子设备感受到异地的非遗精品项目，利用数化技术进行非遗的整合与转换，已成为非遗保护的重要组成部分，它不仅为公众提供快捷方便的智能信息服务，还促进了人文与技术的融合，以保护珍贵的文化遗产并言传后世。

（4）非遗建档保护的管理保障。非遗建档保护的基础之一是非遗地区民众的文化自觉。要想增强非遗主体的文化自觉意识必须做好以下几个方面的工作：

第一，加强非遗地区的文化教育。在现有的非遗名录中，较多的非遗项目在少数民族地区，少数民族非遗较多体现着本民族的特色，具有民族地方特色，这种非遗是少数民族文化的积淀，历史的传承，因此，在保护非遗的过程中，需要加强本民族的文化教育，让本民族的文化在民族的历史发展过程中不断地传承下去，让青年一代了解本民族的历史，了解本民族的文化，这样才能更加热爱自己的民族，才能真正内化于心，去保护民族文化、保护非遗。

第二，多途径宣传与推广非遗档案。非遗保护在我国起步较晚，并且国家自上而下地践行保护也需要一定的时日，普通公众接受和理解也需要一个过程，在这种情况下，要想真正达到保护非遗的目的，必须加强非遗档案的宣传和推广，让非遗档案以更易于理解的方式、以公众更喜闻乐见的形式为公众利用和熟悉，让民间的文化能够用更为专业的方式进行保护，让更具特色的地方文化，也能得到应有的照顾和关怀，让非遗主体为非遗文化而感到光荣和自豪，从而增强非遗资源自觉保护意识，增强民族文化自信。互联网企业已经开始参与各种非遗产品的陈列展览活动，通过虚与实、线上和线下的结合，在非遗利用中人们的需求越来越多样化，更加重视对非遗文化的体验性和互动性，因此，计算机和网络技术的运用无疑起到了较好的作用，让非遗走近人们的生活，让非遗得以活用，更为社会带来一定的效益和经济价值。

第二，加强非遗资金的管理。在非遗保护工作中要加强对非遗资金的管理和有效利用，非遗保护的相关主体可以利用各种方式，通过各种渠道筹集资金，以保证非遗保护工作正常、有序进行，同时也给予非遗传承人必需的物质保障。

对于濒危项目，需要多拨经费进行扶持。对非遗项目进行有针对性的帮扶更符合遗产本身的发展需求。科学、合理地制定帮扶政策，使有限的资金发挥更大的效用才更为科学，各地非遗的普查、登记、保护等工作都需要投入很大的财力，因此没有政府财政的支持难以完成，传承人生活条件差导致他们为了谋生不能专心从事非遗的传承工作，这就需要加大对传承人的补贴，改善他们的生活状况，并提供政策上的优惠，鼓励其对非遗的继承与发展。

第三，加强立法和制度建设。加强非遗保护的相关法律制定工作，这是对我国非遗建档保护工作的有力保障。非遗保护工作开展的好与坏，涉及诸多的因素，其中为非遗保护工作立法是最为重要的因素，是从根本上对非遗的保护。当前，我国采取行政保护与民事保护相结合的立法形式，其中以行政保护手段为主、民事保护为辅，客观上非遗保护现有法律从制定到实施一定程度上为我国非遗保护工作提供了法律保障和支持，但保护工作中出现的问题也层出不穷。

另外，在全球一体化大背景下，非遗的法律制定范畴和相关内容的确立必须要考虑国际因素，制定者要具有国际的视野，建立与国际社会相对应的非遗法律框架，在国际社会认可的话语体系下实施对等衔接。一方面，我们要加强与国际社会的广泛对话，针对非遗传统文化保护和非遗保护中出现的各种权利问题，寻求理论上的突破，并在思想认识上要达到高度统一；另一方面，应加快修订非遗保护的各种专门法律、法规，完善法律法规内容体系，使它成为有益补充。

第四，加强档案工作的能动作用。在非遗建档保护工作中，档案工作对非遗保护的开展起着指导的作用，档案工作人员扮演着记忆建构者的角色，但目前档案工作还没有在非遗建档保护中发挥能动的作用，存在的各种问题也较多，为此，要想真正保护非遗记忆，需要加强档案工作的能动作用，调动档案工作者的积极性，转变他们的思想观念；同时发挥档案馆的职责和社会功能，改变现有的服务方式，加强与外界的合作，这样才能对非遗保护工作的顺利开展起到很好的促进作用。

在档案记忆观的影响下，档案学人需要站在保护人类记忆的高度审视档案工作，正确看待档案"记忆"的属性，理解档案馆"守护社会记忆"的神圣职责，积极配合非遗建档保护，提升自身职业的认知和功能定位。

### （四）非遗档案资源的数字化保护

非遗的数字化就是运用现代化的各种技术，主要包括数字采集、存储、处理、检索等技术方法将非遗信息内容转换到一定的物质载体上、通过文化、信息、知识的再现和还原，使非遗资源成为可以利用、可以共享的数字化存在形式，通过保护者从不同的角度对非遗资源知识的重新组织，按照用户的利用需求进行重新建构，如此便可以达到非遗资源知识和文化的传承和传播。非遗档案资源可以充分利用现代科技与文化的结合，让技术助推文化的发展，为非遗资源建立档案和数据库，促进数字人文环境下非遗档案资源的传承和保护，以及科学研究，形成良好有序的文化传承机制。

#### 1.非遗档案数字化保护的意义

在非遗的保护工作中数字化技术发挥着重要的作用，各种形式的非遗文化内容在数字化技术的作用下，可以跨越时空共享利用，实现全球范围内的文化共享。促进国际文化交流和互动、传播，有助于人类社会共同保存的优秀文化在更大的范围内得到传播和文明进行传承。简而言之，非遗数字化保护工作的开展有益于各民族传统文化的保存和传承，也方便了跨时间、跨地域的文化研究和利用。同时，可以通过网络实现非物质文化的宣传与展览，使一些具有传统手工技艺的文化遗产或具有固定流程的民族风俗，通过数字化技术的私用，直观地进行现场讲解和观摩，可以使该非遗项目本身更好地为公众了解，真正地实现数字化记忆存储和传播的目的。这也是文化延续、民族发展、国家复兴的重要手段。

非遗建档保护过程中数字化技术的运用其意义在于：利用现有的数字信息技术，使非遗进行分类、存储、建档、生成音频、视频等非遗数据库，同时还允许用户进行非遗资源信息的浏览和查找，实现非遗资源的可视化检索。另外，打破原有的非遗保护和文化信息存储的方式方法，如：采访、拍照、收藏等简单的保护方式；非遗数字化保护可以很好地实现非遗文化空间的再现，在非遗保护和传承过程中通过现实虚拟技术的使用，从而呈现出非遗产生以及保护、传承整个过程的模拟场景，让人能够真切地感受到非遗的实存状态，真正传递出非遗文化特有的价值；而且它改变了原有非遗传播的线性方式，利用现代技术构建的数字资源库，实现资源共享，使非遗利用者可以跨越距离的鸿沟，足不出户地感受异构非遗的文化熏陶，同时方便研究者利用，提高了工作的效率、节约了非遗研究的成本；具有良好的经济价值和社会价值。数字化保护相对于博物馆、文化馆的保管花费的成本要低得多，只需进行数码拍照、视频制作、现场文化空间的模拟、日常维护等费用的支出。非遗数字化保护也利于促进民间艺术和文化产业有机结合，并且非遗数据库的建立很大程度上更推动了文化产业的发展。

2. 非遗档案数字化管理的方法

（1）建立专门机构，调动民众参与的积极性。非遗档案数字化管理工作是一项长期的、系统性的任务，所以需要有关部门成立一个拥有数字化技术的人员来进行统一管理、组织与规划的部门或机构。地区可以在档案馆管辖下，设立非遗档案数字化管理部门，由该部门来统管、组织、规划非遗档案的管理与开发工作。同时，还可以分派计算机专业管理人才到人口集中的市、县、乡镇，在当地档案局就地对非遗档案运用计算机相关技术进行管理。

各市、县、乡镇政府要对非遗管理进行积极的宣传与教育，同时加大力度对非遗档案的价值以及公众参与传承保护的重要性和必要性进行宣传与教育，从而使当地的民众能够进一步了解自己本民族文化的意义，并且能够通过宣传教育自觉地加入传承、发扬非遗档案的队伍中。各市、县、乡镇档案局可以派相关人士在中小学学校里进行有关非遗项目知识的宣讲。

（2）培养非遗档案数字化管理复合型人才。非遗档案数字化管理工作高效、有序地进行，需要大量具备较强专业能力的高素质人才，不但要深刻了解与非遗相关的知识，还要掌握相关的数字化知识与技术。因此，要做好非遗档案的数字化管理人才培养工作，需要打造专业素养极高的复合型人才，提高档案管理人员入职门槛，对现有的档案管理工作人员进行数字化知识培训，丰富他们信息管理数字化技术的相关知识，促进他们能够高效、有序地开展非遗档案数字化管理工作。

培养相关的复合型人才还需要做到以下三点：①着重培养一批非遗传承人、继承人，扩大范围地宣传有关非遗知识，通过各种优惠政策扶持以提高人口聚集地区受过高等教育的青少年对文化的热情；②建立传统手艺、技艺制作工坊，实施"老一辈继承人带领新人"的办法；③非遗档案数字化管理部门应当加强与各高校之间的合作，以培养相关的专业人才。

积极与开设档案专业或计算机数字化管理相关课程的高校联合培养非遗档案数字化管理人才，区政府可以积极出台各种优惠政策给予相关专业的在校生提供档案管理实践活动；增加档案相关专业管理的工作岗位，给档案学专业大学毕业生提供就业机会。同时，区政府要以开设档案专业的高校及科研院作为依托，建立一个完整、健全的非遗档案数字化管理的实验室平台。

（3）邀请计算机信息管理或数据处理方面的专家或教授对非遗传承人进行数字化技术培训。各级政府要与档案馆、图书馆和博物馆等文化设施建设单位定期开展非遗传承人培训，如：通过对非遗档案进行计算机数字化管理、保护、传承的经验交流座谈会，丰富非遗继承人计算机数字化管理的知识。因此，各级政府要定期安排非遗传承人、继承人参加座谈会或培训讲座，使得非遗传承人、继承人不断地更新自身知识和技术，顺应时代的发展，运用科技数字化的手段对非遗档案进行管理、保护和传承。

（4）利用数字化高科技，开发多元产品。非遗档案的数字化管理可以让人们多方面地了解、认识和探索非遗，一定程度上激发了人民群众参与少数民族文化遗产管理与保护的兴趣。档案管理工作人员为了将非遗推广到群众中，要做到以下几点：

第一，相关部门可以建立非遗档案宣传网站。在相关部门数字化技术的支持下，创建一个非遗以及壮族传统文化展示的平台，达到信息资源共享的目的，使更多的人了解非遗。网络平台可以设立非遗项目的种类、非遗档案图片、非遗传承人的简介、非遗档案的介绍视频、非遗档案保护方式、非遗旅游、非遗工艺品购买渠道、专家讲评等栏目，全方位地向浏览网站的观众展示非遗的独特风格与魅力。

第二，在地区科技馆的基础上建立非遗 VR 体验区。目前，在我国天津等地已经完成了非遗 VR 体验区的建立，其他地区可以借鉴天津市成功的经验与做法，运用 CGI 与 360 全景 VR 等高科技技术，可以通过使用图片、音频、视频、CG 动画模型以及 VR 眼镜等这些设备，直观、生动地向到展馆参观的观众展示非遗档案；同时，广大群众、游客可以通过手机端的微信公众号、小程序设置 VR 按钮功能进入 VR 模式，戴上 VR 眼镜，登录非遗网站，就可以实现无论在何地都能感受非遗的魅力。

第三，可以打造非遗 O2O 互动新平台。在"互联网+"、数字化技术高速发展的时代，非遗档案的数字化保护可以尝试将非遗项目展示、人与档案之间的互动体验商业化结合起来。通过电商平台将非遗项目进行展示，打造非遗 O2O 线上体验中心，体验中心内可以设有的商品可以涵盖手工艺品、古玩、画作、雕塑以及非遗传承人的精品佳作或其创意衍生的产品等。以现代数字化技术为人民群众提供直接交流与定制、多渠道购买产品等方便快捷的服务，使非遗文化切切实实地走近人民群众。

# 第六章　市场监督档案管理的信息化建设

## 第一节　市场监督的发展现状

市场监督是指社会主义国家依靠经济组织、行政组织和司法组织，遵循客观经济规律的要求，运用科学的方法，对在市场上的商品质量、价格、合同等方面进行的监督。"市场监管作为政府的重要职能，在助推社会主义市场经济高质量发展过程中发挥着重要作用。"[①] 其目的是保证正当交易，取缔非法活动，维护消费者的切身利益，维护商品流通的正常经济秩序，促进市场经济发展。

### 一、市场监督的管理意义

市场监督管理是经营管理的一般理论。它主要依靠管理学、经济学的方法解决市场中经营、决策、日常管理中的问题。现代市场监督管理更注重培育市场监督管理文化，优化市场监督力量的配置，体现市场监督管理活动的发展创新，构建独特的发展理念体系，注重在现代化的信息平台下提高市场主体生存竞争力，满足市场主体长远发展的需要。

科学的市场监督管理机制有助于提高我国经济的整体竞争力，促进我国企业更好地适应当下的发展环境。建立较为完善的市场监督管理运营机制，加强市场监督管理人才的配置，构建相对专业的市场监督管理人才队伍，有助于我国市场监督管理工作的发展。通过一系列市场监督管理经验积累与理论方法的推广，有助于大力推动我国市场监督管理的快速发展，进一步优化市场环境，通过市场监督管理活动还能够满足市场资源个性化发展与创新发展的现实需要，对于促进市场主体规范性经营，建立市场品牌，促进市场主体履行社会责任有重要价值。

### 二、市场监督管理发展的完善措施

#### （一）更新管理理念

做好市场监督管理工作，通过有效的市场监督管理方式达到优化配置各种资源目标，不断更新市场监督管理理念。

---

① 凌伟志. 县级政府市场监督管理机构职能履行研究 [D]. 湘潭：湘潭大学，2020：1.

第一，应当提高市场监督管理专业性和科学性，根据市场主体的特色与发展方向，以及本行业的发展趋势构建科学性的市场监督管理体系，根据我国市场特色走出创新性的市场监督管理模式道路。真正构建符合市场建设需要的市场监督管理文化，达到提升市场监督管理强度，有效地调动参与市场监督管理活动积极性，形成科学参与市场监督管理体系的机制。

第二，市场监督管理应当具有国际化理念，注重在更大的竞争背景下不断优化市场监督管理方式，强调在国际化的大背景下提高市场监督管理的实践性，通过国际市场推动我国市场环境的不断优化，构建更为广阔的市场监督管理体系，在国际化视野下进一步修正市场监督管理工作存在的弊端。

第三，还要提升市场监督管理的服务意义，注重在经营收益最大化的基础上，关注市场监督管理的社会效益，强调在市场监督管理的过程中履行社会责任，构建良好的经营发展环境，达到促进市场有效发展的目标。

### （二）完善管理体系

在我国经济向多元化发展的当下，应当完善市场监督管理内控，维护市场监督管理工作的权威性，进一步实现市场监督管理的科学化，达到提升市场监督管理深度与广度的目标。

第一，提升市场监督管理的专业性，明确市场监督管理人员的职责分工，注重形成有效的配合机制，找出合适的市场监督管理工作方法，将管理意识贯穿于市场监督管理始终，保证市场监督管理工作职能得到充分的发挥。

第二，明确市场监督管理工作的行业标准，明确市场监督管理的规范性，注重做到市场监督管理有章可循，根据市场化的方向进行市场监督管理工作的调整，以便于适应市场的不断变化需要，为市场监督管理提供必要的参考。

第三，成立专门的市场监督管理小组，注重提高市场的管控水平，有效地解决市场中的纠纷，及时成立科学的内部控制小组，切实提高市场监督管理的服务力，在提升市场监督管理整体水平的基础上达到有效坚实基础的目标，更好地满足市场监督管理工作需要，提高市场监督管理整体质量。

第四，做好市场监督管理工作还要建立信息化的市场监督管理工作系统，注重及时准确地进行市场监督管理信息传递，基于市场内部管理的现实需要开展具体的管理工作，从而针对性地解决市场监督管理面临的实际困难。

### （三）完善管理队伍

我国市场经济正处在转型发展的关键期，当前特别需要有专业技能和丰富新型经济知识的市场监督管理人才。应当根据现代市场监督管理工作的现实需要构建专业的市场监督管理工作队伍，依靠专业人员市场监督管理工作方法，有效满足行政执法部门对市场监督人才现实需要。

第一，应当优化市场监督管理人才培养模式，丰富市场监督管理人才培养方法，积极运用实践化、直观化的方式提升市场监督管理人才素养，建立市场监督管理人员的信息化培养机制，不断丰富市场监督管理人才实践经验。

第二，基于信息化市场监督管理工作的现实需要，着力提高市场监督管理人才在大数据环境下的工作能力，优化市场监督管理人才培养渠道，根据市场经济发展需要提高市场监督管理人才专业能力。

第三，完善市场监督管理人才评价机制，注重提高市场监督管理人才培养的针对性，在全面考查市场监督管理人才综合水平的基础上提升管理人员的综合素质，应当提高市场监督管理人才领导力，努力建立高效率的市场监督管理人才培养体系，达到提高市场监督管理人才培养质量目标。

### （四）强化管理执法

市场经济背景下的市场监督管理应当向法治化、标准化与规范化的方向快速发展。只有优化市场监督管理的执法力度，保证市场监督管理在国家规范要求下进行，建立有效的财务、内部运转、审计与外部监督工作机制，才能保证市场监督管理的顺利进行。

第一，应当加强市场监督管理的执法力度。注重制定更为详细的执法准则，充分调研地方市场存在的不正当竞争与违法违规经营的问题，针对典型违法现象给予打击，采用有效措施规范经营行为。

第二，进一步明确市场监督管理的主体责任，加强市场监督管理的教育指导工作，通过各种方式把法治精神贯穿于市场监督管理活动的始终。

第三，还要提高对市场监督管理人员的约束力，强化对违法市场监督管理主体进行处罚，提高对市场监督管理专业技术人员的约束管制力度，保障市场监督管理的顺利实施，有效解决市场监督管理工作中存在的现实问题。

第四，形成一个针对目前市场的市场监督管理协调、组织、服务与控制机制，对市场监督管理的问题给予高度重视，形成核心的监督管理工作机制。

# 第二节　市场监督管理档案管理的种类与特点

## 一、市场监督管理档案管理的种类

市场监督档案管理是指在市场监督工作开展过程中，涉及与形成的各类信息、资料、材料等收集起来，系统化、条理化、科学化地加以整理、编辑、保存、分析和使用。通过市场监督档案管理，一方面可以记录，反映我国市场发展状况及市场监督状况；另一方面，也可以为后续我国市场建设，管理等工作提供参考依据，从而推动我国市场健康、稳定，和谐地发展。

目前，我国市场体系结构日趋完善和开放，市场监督档案管理涉及的工作范围不断加大，与此相对应，市场监督档案管理工作量不断加大，日常可能存在着海量信息、数据和资料有待处理。但是随着经济全球化进程不断加快，市场竞争日益激烈，企业之间的竞争也越来越白热化，因此企业需要加强自身竞争力，提高市场地位。而做好市场监督档案管理工作，则成为了其中一项非常重要的内容。

市场监管局档案实体分类为文书、基建、设备、会计、采购、已故人员、声像、实物、业务九个类目。除以上档案类目，档案管理还包括组织机构沿革、大事记、年鉴、发文汇编、专题汇编、基础数据汇编、利用实例等编研工作。综合档案涵盖了单位职能的各个方面，不仅是实现市场监管局科学管理的重要资源条件，更是提升单位执法效率的有力保证。

## 二、市场监督管理档案管理的特点

市场监督管理档案管理的特点如下：

第一，交叉性。市场监督管理局在档案管理工作中，要加强三个方面的业务融合力度，确保市场监管局能合理管理相关业务档案，协调开展各项工作。

第二，复杂性。市场监督管理业务档案涵盖了注册许可档案、监管档案，案件档案。注册许可档案包含了个体和企业的设立、变更、注销、吊销及食品药品、医疗器械等许可审批的资料，监管档案分为食品、药品、特种设备、医疗器械、化妆品、年报、企业信用监管等档案，案件档案可分为行政处罚案件档案、行政复议案件档案、行政诉讼案件档案。

第三，长期性。市场监督管理局的工作职责广、责任重，管辖职能范围与人们生活的衣食住行方面息息相关。市场监督管理类档案不仅是反映市场监管局各项工作的重要凭证和依据，还为广大人民群众特别是业务服务对象提供长期的法律依据和保障。因此，大部分档案都需要长期或永久性保存，长期性也成为市场监督管理局档案管理工作的一大特点。

# 第三节 市场监督管理档案管理的优化策略

## 一、主动创新管理理念，强化业务融合

我国市场监管局在当前发展阶段处于一个特殊发展时期，在自身性质的影响下，对于自身也有了更多的需求，这就需要市场监管局提高自身对于档案管理的重视程度，积极合理地开展创新，促进工作思路的清晰和不断优化，并结合新形势下的需求积极探索，改进市场档案管理的方法和思路，促进管理水平的提高。积极整合相关业务，加大整合力度，比如，尽管目前市场监管局工商、质监、药监三个板块侧重点各不相同，但是在具体运用过程中其各个板块之间交叉业务较多，通过对这一板块交叉业务创新能够促使其发挥管理作用和提高管理水平。

从整体上把握现状。通过创新管理意识，提高对于当前阶段档案管理的重视程度，明确档案管理本身的价值所在，主动开展创新管理，摆正工作心态，优化当前阶段管理工作，达到更加规范管理的目标。推动当前依法管理力度，不断优化，革新现阶段法治建设，积极开展管理创新，确保档案管理工作更具科学性、合理性和规范性，强化档案收集，整理和归档工作，做到合理改进，取得进步创新，促进档案管理工作可靠性。

## 二、健全市场监督档案管理信息化平台

市场监督档案管理工作信息化建设应以健全市场监督档案信息化管理平台作为前提条件。而目前我国的市场监督档案管理工作中还存在着一些问题需要解决，这些问题不仅阻碍了企业自身的发展，也不利于社会经济的稳定和谐。应建立市场监督档案管理信息化软件平台建设来设计，开发操作性更强、更方便的档案管理系统，此系统应做到与前端市场监督工作相衔接，每个市场监督工作环节中，应建立相应的网站，界面能够与档案管理工作相衔接，方便对相关信息，资料进行及时采集，最后还要完善信息化市场监督档案管理工作室，做好防水、防火、防潮等工作，杜绝物理性隐患。

## 三、建立健全档案管理制度，提高整体认识

健全的规章制度是确保档案管理工作有效开展的根本，所以我们要根据实际情况积极构建符合现阶段要求的规章制度，督促不同部门综合化管理并积极改进。

借助制度优势，加强档案管理法制化建设，积极、合理、规范化地开展工作，从根源上充分发挥市场监管局档案管理工作优势并合理创新，以适应现阶段人民群众对档案管理工作的需要。

明确现阶段案卷细节整理工作的意义，特别是在新形势下，有关部门开展行政执法工作时，对现阶段档案细节要求更加严格，比如，食品、药品、化妆品这些和人民群众日常生活密切相关的内容，要确保自身具备较好的精细化管理水平，能够实现对档案案卷精细化分类和规范化管理，方便人民群众优化服务，适应新形势下的需求。因此，应当对目前我国档案管理工作当中所存在的问题进行分析和研究，制定科学有效的应对策略。与此同时，结合当下时代背景，积极引入先进信息技术，灵活运用计算机优势开展管理，实现档案管理、储存、编目、检索及查阅功能信息化，对信息查询方式进行优化，减少人力资源投入，如灵活运用现行计算机，能够直接减少档案储存空间，改变传统档案管理缺陷。

## 四、积极开展队伍建设，全面提高素养

加大人才队伍建设的重视程度，不断优化创新，做到有法可依、有法必依，整体提高员工自身专业能力，以适应当下需要。定期进行培训工作，加强档案管理工作人员本身专业基础能力，督促他们业务水平的提高，在实践中促进工作效率的提高。重视员工思想意识建设，经常进行思想教育，督促员工时刻保持忧患意识和管理态度，灵活运用自己专业知识和能力去管理，多学一些业务知识，创新知识体系，增强管理意识和提高整体管理效果。通过建立良好的管理制度，为管理工作提供保障，将管理人员合理地安排到不同的岗位之中，从而促进各项活动有序展开。做好档案收集工作，确保档案资料的完整性与系统性。及时更新相关资料信息。同时，我们也要积极地开展实践工作，指导工作人员在实践中不断提高专业水平和整体实践能力，主动学习现行先进管理方法和管理知识，做到严格依法治档、依法归档、依法管理和依法保密、并结合实际需要，制订律全管理方案，发挥人才队伍优势，总结开发规律，主动调整开发规划，强化重点环节和档案管理工作，充分发挥档案本身价值，全面提高管理水平以适应现阶段需要。

## 五、建立市场监督档案管理的信息化共享网络

目前，中国市场整体性不断增强，各区域、各层级市场监督工作应开展必要信息交流分享，从而形成合力推动整个社会经济发展水平不断提高。因此，我们应该重视对市场监督管理工作的研究，积极地引进先进的技术手段，促进市场监督管理事业的蓬勃发展。

应加快推进市场监管体系现代化进程，加强市场监管力度。建立起市场监督档案管理信息化共享网，做到各区域以及各级档案的共享以及利用。比如，市场监督档案管理信息化平台在不同区域、不同层次上，都应设置专用数据共享通道或专用数据共享服务器，并通过此通道及服务器保证市场监督档案信息，数据及资料等能够快速，大规模共享。

## 六、深化大数据技术运用

除以上几点外，现在市场监督档案管理信息化发展中，也必须特别注意大数据技术应用。只有这样才能真正提升市场监督档案管理水平和质量，从而有效推动社会经济的可持续健康稳定发展。大数据背景下市场监督档案管理面临的机遇与挑战。在大数据技术的帮助下，能高效率地实现海量市场监督档案深度数据分析，较好地找出数据间的联系，揭示出市场发展、变化的规律，最大限度地发挥出市场监督档案管理工作应有的功能，从而为市场监督工作提供更加宝贵的参考依据，同时也有利于市场建设和发展。

# 第四节　市场监督档案管理的技术应用创新

在信息化技术优势与帮助下，人们的工作压力不但得以极大缓解，而且档案管理工作效率与质量都得以显著提高，更重要的是在信息化技术帮助下，档案信息得到了迅速、深入、全面的分析，使得市场监督档案管理起到了更加重要的功能价值。

## 一、市场监督档案管理中人工智能技术的应用创新

近年来，人工智能技术的发展取得了较大的突破，尤其是在大量数据的推动下，深度学习技术日益成熟，在医疗、交通、教育、企业管理等多个领域呈现出良好的应用态势，"人工智能＋"在多个行业逐渐落地。人工智能技术在档案行业中的应用也正在不断突破发展，大数据成为数字时代档案资源的显著特征，为人工智能技术提供了充分的数据储备，使得模式识别、文本处理、信息抽取、专家系统等技术在档案智能管理中能够发挥重要的作用。经过不断迭代，人工智能技术的应用将在很大程度上提高档案管理工作的效率，节省人力、物力资源，提升管理和服务质量，并适应档案数据化发展的趋势，推动档案工作的智能化变革。而在未来发展过程中，也要着眼于人工智能技术应用的风险控制路径和人机协作与融合发展问题，以取得更高的效益和提供良好的人机环境。

### （一）人工智能与深度学习的作用

人工智能是通过人类设定相应的程序并操作，使计算机可以模拟人类思维过程与智

能行为的技术，是计算机科学发展到一定阶段衍生出来的产物。经过半个多世纪的坎坷发展历程，近年来迎来新的发展曙光，尤其是云计算和大数据技术的巨大发展，为人工智能的突破提供了强大的计算平台和充实的数据资源。在这一过程中，最显著的便是深度学习的突破。深度学习技术在机器学习技术的基础上发展而来，依托更多的数据资源和更高级的算法，实现更精确的学习输出和效率，在自然语言理解、计算机视觉技术等学习中具有突出表现。机器学习和深度学习的本质是从数据中寻找规律的过程，通过给定的摘要信息或数据去寻找规律，并设计出算法和模型，应用于解决预测问题、分类分析、聚类分析等实践问题。

### （二）市场监督管理局的档案智能化应用

企业登记档案是市场监督管理机关依法对企业法人登记注册、监督管理过程中形成的具有保存价值的文字、图表、声像等形式的历史记录，它们对于规范市场主体行为、保障企业合法权益、促进社会信用体系建设具有十分重要的意义。近年来，市场监督管理局通过人工智能技术，在档案智能挑选、档案智能鉴定划控等方面取得了一定的实践应用成果，同时不断探究智能音视频档案管理和智能审核等功能实现方案，是人工智能在档案行业的应用典型。

1. 智能档案精准检索

市场监督管理局引入人工智能技术中的图像识别技术和信息抽取技术等，针对档案利用过程中无法直接查找定位身份证明文件等精细化利用问题，研发了档案图文智能定位与精细化检索工具，实现了对存量数字化图像内容的批量智能自动识别预处理和精确查找定位，目前部分类型的档案智能精确检索率已经超过90%，在很大程度上提升了档案利用效率，提高了用户满意度。

2. 智能档案划控鉴定

市场监督管理局采用档案图像识别和内容识别等人工智能技术，结合专家系统的应用，研发了某些类型档案的页面公开级别智能鉴定工具。该工具在企业登记档案大数据的基础上，通过大量档案图像数据样本学习训练出可靠的算法模型，①保证海量图像内容的识别精度；②再按照现有的鉴定标准，采用批量智能识别处理的模式对存量档案图像页面的公开级别进行全自动鉴定与校核处理，有效消除了档案共享利用过程中的档案信息泄露等安全隐患，促进档案安全体系建设，同时降低了成本、提高了鉴定效率，有效促进了档案管理工作方式的创新。

3. 智能档案审核、音视频档案管理

市场监督管理局研究采用档案图像内容识别等人工智能相关技术，正在设计研发智能化在线归档的处理工具，实现对在线归档的原生电子文件图文质量进行智能化的自动批量校核，包括图像清晰度、内容完整性和规范性等方面的质量检查，在确保企业登记档案大数据质量的同时，有助于提高电子文件在线归档效率及查询时效性。

音视频档案也包含有大量管理性和业务性价值信息，但是大量音视频档案并不便于查询利用，例如，行政执法等多媒体档案文件片段多、内容不连贯无规律，利用十分不便。对此，市场监督管理局尝试研究采纳语音识别技术、计算机视觉技术等，探索以视、音频信息服务为主体的多媒体内容分析处理等智能化信息处理工具，研究对行政执法过程的视频和音频文件进行自动分类管理和智能检索利用的工作方法，以提高音视频档案的利用率，同时最大限度地对其中有价值的数据信息进行挖掘和分析。

市场监督管理局的档案管理现实需求构成了人工智能技术应用的驱动力，并将人工智能的深度学习技术真正纳入智能档案管理的实践层面，说明档案领域的人工智能也已经进入实践应用阶段，并且在未来档案行业专家和技术应用相结合的过程中，还将更加大有可为。

## （三）人工智能在档案行业应用的对策

市场监督管理局引入人工智能技术，可以在效率和成本方面上，提高档案审核、鉴别和检索服务的效率，在准确率方面也超出人工管理的平均水平，同时能够节省大量的人力资源，以 24 小时工作的机器人代替人类完成大量程序性操作。此外，伴随着大数据时代的到来，档案管理的"数据化"趋势也将不可逆转，将人工智能技术应用到档案行业中，尚处于不断摸索的阶段，同样面临着诸多的风险和挑战，需要合理规划和应对。

1. 加强采取风险控制措施

人工智能的深度学习技术是建立在大量数据储备基础上的，为了提高操作的准确率和效率，档案应用人工智能技术必然需要大量的用户数据进行机器学习，以提供更加精准和便捷的用户服务，因而存在用户信息安全与隐私保护方面的风险。尤其是随着人工智能技术的大规模应用，机器将有越来越多的机会接触数据，并且是庞大的数据体，那么数据泄露等风险将成为重要性问题。

人工智能技术是在学习人脑知识和人脑思维的基础上进行应用，机器对于数据和信息的识别和理解能力也具有一定的局限性，因此有必要在人工智能技术引入档案工作实践的同时，充分考虑到其潜在的风险问题，采取风险控制措施。针对人工智能应用存在的数据泄露和隐私安全风险问题，需要建立有效的用户信息安全保护制度，在信息授权、信息传递等方面明确机器学习的权限，有效规避在人工智能应用过程中潜在的信息泄露风险。在人工智能管理者、技术人员和用户之间建立起合理的利用观念，在遵守伦理道德的前提下利用人工智能。同时，面对机器可能造成的失误，在应用测试阶段对人工智能的失误率进行有效评估，不断优化目标函数，并保证在多次迭代达到可控风险的阶段才能真正纳入实践应用，实现人工智能应用的损失控制，在必要时采用人工辅助的手段进行风险保留。

2.人机协作融合发展

人工智能技术在档案行业的应用过程中，必然也要解决人工智能技术迭代和革新过程中的人工参与和人机并存问题。

（1）作为设计者和管理者的角色，档案工作者和技术人员应该不断增强自身对档案信息资源的理解能力，增强对用户需求理解的能力，并将这种能力尽可能应用到机器学习和迭代的设计流程中，同时尽可能多地将功能需求、专家系统和纠错方案等要素纳入机器学习过程，对其安全性、可靠性和准确性等进行不断改进，使得机器在学习档案业务的同时也不断学习人类思维，促进人工智能技术的成功应用。

（2）人要给机器学习档案工作创造好的条件和环境，此时人将作为协助者的角色，在功能要求、行业知识、档案数据等关键要素设定完备的前提下，在机器学习和运行的过程中，尽可能少地干扰其学习和工作过程，给予其充分自我学习和解决问题的发展空间，充分发挥机器在某些特定工作环境中的主导作用。

总之，人工智能不仅是一种技术，更是一种思维。在知识融合和信息大爆炸的时代，相对滞后的档案人工智能行业应用需要主动迎接新技术新思想，结合自身的数据资源优势和行业专家水平，将科学技术与档案人文精神相结合，不断推进人工智能在档案领域的更深层次和高水平的发展。

## 二、市场监督档案管理中大数据技术的应用创新

"12315"是消费者投诉举报专线电话，由中华人民共和国国家工商行政管理总局于1999年3月15日设立的专门受理消费者投诉举报的专用电话。12315的主要工作职责是受理消费者在购买、使用商品或接受服务过程中合法权益受到侵害的申诉；调解消费者和经营者发生的消费者权益争议；受理涉嫌违反市场监督管理法律、法规的举报；对管辖地区的申诉、举报情况进行分流、统计、分析、编制简报，或者移交于其他行政执法部门。

在工作的过程中，为了能够提高工作效率，必须要对受理的申诉和举报进行建档管理，这是市场监督管理局在日常管理、受理消费者权益争议、发布消息等活动中直接形成的对市场监督管理局、社会、消费者具有保存价值的历史记录；是对市场监督管理局12315工作方法、工作经验、工作成果全面而真实的记录；从历史从长远角度看，具有非常大的数据价值。

### （一）12315档案电子化管理的重要性

1.12315档案电子化的时代需求

进入大数据时代，伴随着政府职能建设不断推进，12315平台利用档案进行服务的需求日益增长、利用方式也更加丰富，原有纸质档案不仅不利于生态环境的建设，也不能满

足需求，迫切需要创新管理模式、变革管理机制，将12315档案中蕴含的数据价值挖掘出来，服务支撑市场监督管理局12315各项工作的发展。各级人民政府应当将档案信息化纳入信息化发展规划，保障电子档案、传统载体档案数字化成果等档案数字资源的安全保存和有效利用。创新档案管理方式，实现电子化档案是大势所趋，是时代需求。

2.12315各项工作需求驱使

市场监督管理局12315的工作都需要规范完整的档案材料鉴定和支撑，在12315的工作评估中，档案发挥了极其关键的重要作用。近年来，党中央为了推动政府职能转变，大力推行巡视巡察工作，纪委监察部门对12315的巡查巡视工作已经成为常态。在每次的巡察巡视中巡视工作小组都要对工作档案资料进行查阅，比如，消费者权益申诉档案、举报档案、调解消费者与经营者矛盾档案、本部门发布消息档案、移交其他部门处理的案件档案等。

12315系统平台的工作展览、工作情况评估、纪委监察部门的监督监察都对档案管理工作提出更高的标准和要求；要求各类档案要整理规范、收集全面、利用和查询方便快捷，这给传统的档案建制和管理工作带来极大的挑战，倒逼档案管理部门建立数字化的档案来适应市场监督管理局开展各项工作。

3.各项大数据技术的成熟应用

随着人工智能技术的快速发展，自然语言处理技术、光学技术识别技术、数据分析与挖掘技术等已逐渐走向成熟。12315的档案数字化平台可以将工作中建立的纸质档案进行扫描成图像，再对图像档案进行转换，以电子版的形式保存档案，这大幅度减少了人力与时间成本，使工作效率得到有效提高。另外，利用自然语言处理技术可以促进人和计算机之间的沟通。将智能交互技术应用到12315电子档案的管理之中，这不仅将档案的查询效率提高，也能让档案得到有效的使用。

大数据技术的成熟应用能更好地分析和挖掘档案数据，12315档案信息的来源路径比较丰富，消费者、经营者、市场以及其他部门等都是信息来源；数据信息量大导致了数据内容非常冗杂和繁复，比如，消费者个人消费信息、经营者和商品信息、消费者和经营者关于权益产生的矛盾冲突信息、政策信息的发布、人事任免、重大案件处理等。大数据技术可以将上述信息进行归类整理，便于查询，可以有效降低部门工作者的工作负担。

### （二）12315电子档案管理创新路径

1.纸质档案向电子文件的转变

将纸质档案向电子化转变是12315档案数字化工作的重点，在把纸质档案转化为各种形式电子文档的过程中，数字档案资源的数量将会变得更多、内容更加广泛，利用程度大大提高。在纸质档案的电子化转变过程中，一般的档案电子化工作分为如下几个步骤：档案收集、归纳整理、图像扫描处理、数据分析、目录建库。

12315在实现档案电子化的同时，大幅度提高了工作效率，在建立数字档案库时，有的数据格式是图片格式，在提供查询档案数据的途径上，不仅有数字档案目录查询，还有缩略图查询功能。通过把12315自动化办公系统与档案管理系统与其他业务系统如消费者举报系统进行对接，实现在线电子档案的归档工作，在提高档案收集整理的同时，大大降低了纸质档案电子转化过程中的工作量。

2. 促进档案数据化变革

在12315档案管理工作中，需要以大数据手段为基础，变革传统的档案管理模式，把传统的扁平化、人工化向电子化、数据化转变。在实际的档案管理过程中，需要把僵化死板的档案扫描全文和目录，转变成活灵活现的大数据档案，从根本上实现档案的数据化管理。通过对文本和图像中的数字内容进行有效的数据化加工，进行数据化的分类、标引、著录和识别，只有这样才能针对档案全文的内容进行有效的归纳整理，才能使12315工作平台更好地利用检索词检索到想要找到的档案数据内容，提高为消费者、经营者甚至是市场的服务水平和效率。

市场监督管理局在建设12315电子档案过程中，创建了数字化工作平台，通过档案资源的共享来完成与消费者、市场、其他部门的联系。随着业务量不断增多，对信息化的需求也会随之暴增，12315累积的业务数据日益增多。在保留工作平台原有的电子信息资源的前提下，需要对新增的数据资源进行整合利用，以数据清洗的方式分类型储存权威准确的、全面有效的数据信息，为市场监督管理局档案管理提供数据支持。

3. 准确剖析档案数据，为政府决策提供服务

在大数据时代，市场监督管理局面临着更加复杂的市场环境，12315电子档案数据分析可以对工作平台建立以来的数据进行挖掘分析，为市场监督管理局的各项业务开展提供决策支撑。全国12315平台一线工作的员工平均每天要接到几十个投诉电话，当我们解决的市场矛盾越来越多时，量变会产生质变，就会根据建立的档案数据总结出政府治理的科学方法，可以很清晰地为决策提供服务。

在大数据时代，一切都在不断变化发展着，变革服务理念，加强档案电子化建设已迫在眉睫。创新档案数据管理模式，从传统的馆藏中心模式向服务中心模式转变向业务决策支撑转变，变"被动"为"主动"，紧密结合市场监管各项实际应用需求提供数据支撑服务。提升档案工作在市场监管各项工作中的重要性，充分发挥档案的数据价值，更好地服务于政府各项工作的开展。

# 第七章　社会保险档案管理的规范化与数字化建设

## 第一节　社会保险的发展

社会保险是为丧失劳动能力、暂时失去劳动岗位或因健康原因造成损失的人提供收入或补偿的一种社会和经济制度，在整个社会保障体系中居于核心地位。社会保险是工业社会和劳资矛盾的产物。"社会保险作为一项基本的社会经济制度，发挥着保障基本生活、维护社会稳定、促进经济发展、维系社会公平的重要功能。"[①]

### 一、社会保险的内涵

社会保险的内涵包括：

第一，社会保险是现代社会保障体系的主体与核心。①社会保险支出规模占社会保障的最大份额；②社会保险项目关乎每个公民的一生；③每个公民从出生开始几乎都离不开社会保险。

第二，社会保险的对象是最大也最重要的社会群体——劳动者。①劳动者劳动权利的实现和劳动关系的建立是参加社会保险的基本条件，达到就业年龄的公民，通过就业实现劳动权利是一项法定权利。②劳动者参加社会保险必须履行一定的义务。因为社会保险是一种权利义务相结合的保障制度，因此劳动者享有权利的前提必须先履行相应的义务，主要是缴费的义务（社会保险通常是三方责任共担机制）。

第三，社会保险是一种立法强制性的保障制度。社会保险自诞生之日起，就呈现出明显的立法强制色彩，劳动者及其雇用单位必须无条件地按照法定要求参加，不得逃避或采取其他规避的措施。

第四，社会保险是国家保障公民社会权的制度安排。社会权是指公民从社会获得基本生活条件的权利。社会权概念有两层含义：一是公民有依法从社会获得其基本生活条件的权利；二是在这些条件不具备的情况下，公民有依法向国家要求提供这些生活条件的权

---

① 卓燕鸣 . 关于我国社会保险基金监督管理的探讨 [J]. 质量与市场，2022，（20）：181.

利。社会保险权是公民社会权的基本构成部分。

## 二、社会保险的种类

由于社会保险所承担的风险是公民经济无保障的风险，在实践中表现为公民在其全部生命周期内遇到的各种失去收入的风险，包括年老、疾病、失业、工伤、生育等风险。因此，社会保险险种通常包括如下几种：

第一，养老保险。养老保险是为法定范围内的社会成员因年老（符合法定退休条件）而退出社会劳动岗位后提供生活保障的一种社会保险项目。在世界各国社会保障体系中，养老保险一般都是最重要的项目，这是因为在养老保险中受保人享受保险待遇的时间最久，待遇给付的标准相对较高；尤其是在人口老龄化加剧的条件下，养老保险的重要性更是不言而喻。

第二，医疗保险。医疗保险是为法定范围内的社会成员在患病或非因受伤时提供医疗及生活保障的一种社会保险项目。它既包括医疗费用的给付，也包括各种医疗服务。医疗保险的目的是恢复社会成员的劳动能力和补偿劳动者病假期间的生活费用，在各国的社会保险制度中，医疗保险是仅次于养老保险的又一重要社会保险制度。

第三，工伤保险。工伤保险是对法定范围内的劳动者因从事职业工作遭受伤害或患有与工作相关的职业病提供医疗及生活保障的一种社会保险项目。与其他社会保险项目相比，工伤保险具有雇主赔偿的性质，工伤保险的缴费一般完全由雇主承担，政府在特殊情况下予以资助，而劳动者个人不需要承担缴费义务。

第四，失业保险。失业保险是对法定范围内的社会成员因失业失去经济来源时，按法定时限和标准给予其物质帮助的一种社会保险项目。在市场经济条件下，社会成员的就业通常由竞争机制发挥主导作用，失业现象在所难免，对失业者予以一定的保障，既有利于劳动力的再生产，使企业和国家经常拥有可靠数量和素质合格的劳动力资源，也有利于社会安定。

第五，生育保险。生育保险是对法定范围内的女性社会成员因生育导致收入暂时丧失而提供生活保障的一种社会保险项目，也是一项维护女性权益的社会政策。需要说明的是，这项保险在许多国家往往是与医疗保险合并在一起的。

第六，遗属保险。遗属保险也称死亡抚恤金。其待遇包括两个部分，一部分是死者的丧事治理和安葬费用，另一部分是死者遗属享有的抚恤金。

第七，护理保险。一些国家还建立了专门的护理保险制度，即社会成员在劳动期间可以参加护理保险，待年老需要生活照料时，可以通过护理保险获得生活保障。

总之，社会保险所承担的是社会成员丧失收入的风险，在实践中表现为社会成员在其全部生命周期内遇到的各种失去收入的风险。目前，我国社会保险制度主要包括养老、医疗、工伤、失业、生育等五个方面，一般通称为"五险制度"。

## 三、社会保险的原则

社会保险制度的基本原则是指集中反映社会保险制度本质、贯穿社会保险制度始终并对整个社会保险制度体系起核心作用的基本准则。社会保险的原则归纳为如下几个方面：

### （一）普遍性原则

普遍性原则是指社会保险所实施的范围应覆盖所有的社会成员，强调所有社会成员普遍享有社会保险的权利。公民在年老、疾病、失业、生育等生活发生困难的情形下，享有从社会获得帮助的权利，这是宪法赋予我国公民的权利。"广覆盖"恰好体现了普遍性原则。只有社会保险制度实现了覆盖范围的普遍性，社会保险法才能够真正发挥保障社会安全的功能。

### （二）合理性原则

合理性原则是指社会保险标准应当与社会经济发展水平相适应。社会保险水平直接与社会经济发展水平相联系，社会经济的发展和社会财富的增加是发展社会保险事业的经济基础。社会经济越发展，社会财富越丰富，社会保险水平才越有可能提高。同时，社会保险水平对社会经济的发展也具有反作用，过低或过高都会阻碍经济发展。因此，社会保险立法不仅要考虑社会保险的目的，即保障劳动者的基本生活需要，而且要充分考虑一个国家的国情国力，社会保险水平应当与经济社会发展水平相适应。我们不能否认，社会保险法的目标是实现社会公平，但社会保险法治建设必须在公平和效率之间寻求一种合理的平衡。

### （三）自给自足原则

社会保险的财务要做到自给自足，需要运用保险精算技术来计算成本并确定合理的保险费率。社会保险以自给自足、自负盈亏为原则，并不是要完全否定政府从财政上支持社会保险的必要性，但政府财政支持的方向主要集中于补助保险费及提供行政事务经费等方面。因此，自给自足原则对于社会保险制度建设来说，其意义主要体现在两个方面：①社会保险待遇的给付与社会保险费用的缴纳具有一定的对价性，所以财务的自给自足有利于社会保险制度的持续发展；②社会保险具有社会性，强调风险责任的共担，财务上的自给自足实际上是强调被保险人的自保自给意识。

### （四）社会适当原则

社会适当原则是指社会风险发生后，社会保险机构为被保险人提供基本生活保障，以使遭遇风险的社会成员不至于成为社会的负担。公平原则是商业保险必须遵循的基本原则，在同等条件下，交纳的保险费越高将来可能得到理赔金额就越多，这就体现了公平原则，但社会保险的主要目的是着眼于提供社会安全保护，要考虑基本生活水准的保障。

## 四、社会保险的功能经济作用

### （一）社会保险的功能

#### 1. 支撑现代金融体系

保险公司可以通过长期稳定的社会保险来稳定吸收公众存款，保险公司可以通过上市公司的资金在市场中进行融通。保险业一直在快速地发展并且在不断地变化与完善，并在社会金融市场中，发挥着越来越重要的作用，逐渐地成为现代金融体系中的其中一大支柱板块。通过加速发展保险行业来对资本市场的资源进行有效合理的再配置，防范资本市场的风险，能够使得资本市场的发展环境稳定且健康。

#### 2. 推动企业单位改革

社会的根本问题是在于人民的问题，要解决问题是要解决人民面临的问题，而社会保险在企业单位中的完善制定是现代企业改革中的重要措施，这与时代社会保障改革的成败有着相互依托的关系。能否成功地将改革指令落实到企业单位实处上。在此之前既需要先解决好退休员工的养老保障问题，老员工退休之后基本的养老金和医疗健康能够得到保证；也要解决现有职工的医疗保险问题，并且要正确的按照社会标准来缴纳各项的保险费用，真正做到完成社会保险的续接工作，真正做到按照规定来保证员工退休之后老有所养、老有所依，只有这样才保证企业单位的顺利改革。

#### 3. 推动企业创新发展

企业通过购买一些额外的保险可以提高开发技术的热情，在进行技术人员研发的过程中，购买保险也能降低企业在技术成长中可能带来的风险，并且还可以推动企业的合理发展和与其他企业的良性竞争。退休人员虽然在企业的保险行列当中但其实已经从企业中分离出来，要对退休的员工保险进行统一化管理使企业的不公平现象得到缓解，营造出一个让企业公平竞争的市场环境，这样才能够让不同企业更好地发挥自身实力。而社会保障体系的完善实际上可以极大地减轻企业的压力。

4. 保障为国家提供人才

为企业所属员工提供后续保障有利于增强企业的凝聚力与生产力，让员工能够没有顾虑全身心投入地完成工作，从而进一步帮企业创造社会价值，而且一些新型保险产品的出现使得保险周期和推广资金得到降低，更在一定程度上鼓舞了职工的工作热情，另外，投保一些新型的保险福利也能够让企业留住和引进更多优秀的人才。

一个好的地方企业必须要完善对于其所属员工的社会保险工作，只有这样才能让企业不断地发展。同时社会上很多的家庭并不能够独立地承担一些意外风险所带来的损失，这就使得如何完善社会的保障体系发展成为一个比较长远的政治问题，越是在这个时候，社会保险的作用才越加明显——可以弥补意外风险所带来的伤害，对人民的生活形成保障。

5. 规避与管控风险

在日渐完善的经济体系当中统一的医疗保险制度，在全国各地的进行已经得到了全面推广，工人是社会第一生产力，只有基础职工的医疗方面有了保证，才会有更好的生活从而提高社会的生产发展能力。随着社会保障的不断健全，曾经那些不合理的天价医疗费用已经得到了有效控制，并且原本很多不需要的支出也大大减少，这也为经济的长远发展打下了坚实的基础。

随着社会保险种类不断的建立与完善，会使职工增加劳动积极性，能够在劳动的时候投入更大的精力与时间来完善工作，从而给企业和社会创造出更大的价值，也有利于个人的价值实现。另外，失业保险的出现也保障了一些被迫失业或因为种种原因失业人的基本生活，解决了社会内部可能存在的种种问题，这样社会才能更加稳定地发展，从而进一步地提高经济的发展速度，所以说用保险来规避风险从而刺激经济发展。

**（二）社会保险的推动作用**

1. 促进消费

（1）人们的消费心理。人们的消费心理会在购买社会保险之后发生一定的转变，通过改变消费者的风险环境来进一步促进人们消费正是保险整个行业存在的意义。保险是具有一定的风险赔偿的，所以在人们购买保险之后就能会减少对于未来潜在风险的惧怕。

（2）通常如果没有保险的前提下，消费者要拥有等同于未来风险的钱才能与之抗衡，而在购买了保险的条件下只需要缴纳与其保险相对应的保费便能与未来风险相抗衡，所以保险能在一定程度上削弱人们对未来的担忧、增进对未来的期望，进一步地消费来满足自身需求，从而推动经济的增长。随着中国特色社会主义道路的不断发展，越来越多的人意识到保险的重要，也越来越多的人愿意把自己的钱投入在保险当中，为自己以后生活质量的提高提供一定保证，这在一定程度上扩大了经济的发展刺激了内部的需求。

（3）从经济学上来讲，人们的消费水平受其国家经济的发展的制约，从某种程度上讲个体的消费水平与其国家经济发展呈正相关。保险与经济具有一定关系，当国家经济形势一片良好时其国家人民对于未来消费情况也就乐观，会进一步地刺激内需，人们可能会减少对保险行业的投入保险与经济呈相反态势；反之，如果一个国家的经济情况一片萧条，其国家人民对于未来的消费呈恐慌态度，人民又会把更多的钱投入保险行业，在此情况之下保险和经济又是互补态势，所以说保险与经济有着密不可分的关系。

2. 保险通过技术带动经济增长

保险通过技术带动经济增长主要体现在，保险可以为企业提供产品支持，例如，开发为规避科技项目风险的保险，并且保险公司可以为企业提供适当的资金支持，保险来源于社会也必须回馈于社会，但必须要求相关人员具有辨别科技风险的能力；从另一方面来说保险也可以为企业提供服务，使企业能够依据自身优势进行科技创新由保险来提供支持。总的来说，企业通过保险来规避风险，而保险通过企业来推动经济发展。

随着社会的不断进步，相对应的保险也在不断完善，社会文化的提高和市场程度的增强，社会保险在社会的稳定发展中有着不可替代的作用，但必须以正确的方式利用社会保险，使其为整个社会的运行与发展提供保障。

# 第二节　社会保险业务档案的规范化管理

随着档案工作走向依法治理、开放发展和现代化发展的目标，档案信息资源的价值更加凸显，这对档案规范化管理提出了更严峻的挑战。高度重视档案资源收集与规范化管理问题，通过完善档案管理工作，发挥档案的资政作用和凭证价值，有助于为社会治理贡献积极力量。"社会保险业务档案作为企业职工和城乡居民参保缴费、享受待遇的重要凭证，在实际工作中发挥越来越重要的作用，加强社会保险业务档案管理标准化已经成为现阶段社会保险工作的重要内容。"[①] 社会保险管理部门应给予社会保险业务档案管理足够的重视，并将其作为提升社会保险管理水平、提升自身服务能力的重要措施和手段。社会保险档案管理人员也应将社会保险业务档案作为重要方面，通过提升自身能力素质等多种手段，积极推动社会保险业务档案管理规范化进程，切实发挥社会保险业务档案信息的价值和作用。

## 一、社会保险业务档案规范化管理的重要性

为进一步提升社会保险业务档案管理规范化水平，各地在社会保障业务办理过程中

① 鲁冰.加强社会保险业务档案管理标准化的分析思考 [J].山西青年，2021，（18）：105-106.

要重视具有保存和利用价值的各类声像、电子文档、图表、文字材料等档案信息资源的收集和整理，并严格按照社会保险业务档案管理办法对档案信息资源进行开发和利用。

### （一）有助于发挥社会保险业务档案的重要价值

社会保险业务档案不仅是社会保险业务正常办理的真实记载，也是参保人缴纳费用并享受相关权益的重要保障。通过社会保险业务管理能够有效地降低社会保险业务在办理过程中出现的各种失误。作为社会保险工作的重要组成部分，不仅承担着社会保险业务原始凭证的功能，同时还能够为经办机构对社会保险业务监督提供相关依据。社会保险业务涉及很多参保人的信息和保险，与参保人切身利益息息相关，只有充分重视社会保险业务档案管理工作，才能够有效避免社会保险业务偏差，推动社会保险业务正常有序开展。

### （二）有助于保障参保人员合法权益

社会保险业务档案是真实客观反映参保单位和参保人缴纳相关费用，依法享受相关权益的客观记录和档案依据，同时也是社会保险业务流程重要记载，通过对社会保险业务档案信息的收集整理和管理，能够为参保单位和参保人提供各类服务。同时，一旦发生纠纷，也可以依据档案切实保障参保单位和参保人的合法权益。

社会保险业务档案规范化管理有助于推动业务管理规范化进程，社会保险业务规范化管理是社会保障部门管理工作的重要组成部分，通过社会保险业务档案规范化管理有助于健全相关档案，实现技术创新，进而更好地带动社会保险单位其他事项规范化。

### （三）有助于推动社会保险事业发展

社会保险事业发展对社会和谐稳定起着至关重要的作用，社会保险业务档案规范化管理能够切实保障社会保险业务档案真实、客观、有效，是维护参保单位和参保人合法权益的真实凭证，也是社会保险发放的法律依据。因此，做好社会保险业务档案规范化管理能够切实提升社会保险事业工作效率，更好地担负起社会保险部门的社会责任，同时为社会保险业务后续工作开展提供相关的依据和参考。

## 二、社会保险业务档案规范化管理的完善路径

社会保险业务档案规范化管理，可以从以下层面对社会保险业务档案规范化管理具体路径进行优化，进一步提升社会保险业务档案管理人员的能力和素质，主动地引进现代信息技术提升社会保险业务档案管理水平，完善相关制度机制，为社会保险业务档案规范化管理提供制度保障。

### （一）业务档案规范化管理的制度优化路径

社会保险业务档案规范化管理的实现，须制定与之相适应的规章制度体系。

建立完善的社会保险业务档案管理制度。结合社会保险业务档案信息化建设的现实情况，对原有的档案管理制度进行优化和完善，如：重点改进规章制度的内容，增加相关配套措施，增强制度方案的可操作性，出台促进部门间协调和交流的保障措施。支持社会保险业务档案信息化建设，为社会保险业务档案规范化管理提供扎实的制度保障。

制定更有针对性的激励制度，结合当前档案管理人员的现实诉求，进一步提升激励制度的针对性和有效性。对于在档案管理过程中表现突出，制度落实到位，工作成绩斐然的档案管理人员要给予一定的物质嘉奖，对于连续 3 年表现突出的工作人员可以破格提拔任用。让这些优秀的人才真正走到管理岗位，实现职业生涯的提升与发展。此外，还应建立社会保险业务档案信息化管理制度，利用现代信息技术提高档案管理质量，优化档案信息管理程序，形成对档案管理过程的持续改进。

### （二）业务档案规范化管理的技术优化路径

社会保险业务档案规范化管理需要以技术作为有力支撑。

建立社会保险业务档案数据库。主动引进现代信息技术，积极推进档案信息化建设，为社会保险业务档案规范化管理提供扎实的技术保障，实现纸质档案数字化转型。将现有的数字档案存储到数据库之中，建立社会保险业务档案信息平台，实现对数字档案信息的快速收集、整理和存储，为后续档案信息资源利用和开发创造有利条件。

构建社会保险业务档案信息资源共享机制。加大对社会保险业务档案信息资源的利用率，加强与社会保险相关的其他业务部门互动，实现对档案信息资源的合理开发利用和共享，充分发挥档案信息资源的价值和作用，为其他部门的业务开展提供更为系统的社会保险业务档案信息支撑。在这一过程中，各部门需要树立档案共享意识，积极参与档案信息收集、整理工作，并运用大数据等技术对共享信息进行分析、整理，形成有益于社会保险事业发展的经验数据，为社会保险事业健康发展提供依据。

### （三）业务档案规范化管理的人员优化路径

加强对社会保险业务档案管理人员的教育和培训。社会保险部门要充分认识到社会保险业务档案规范化管理是一项长期性、系统性工程，对于社会保险业务开展以及社会保险事业发展都具有重要现实意义。因此，必须对现有人员进行专业的技能培训，持续提升社会保险业务档案管理人员的专业素质和能力。如：组织档案人员进行行业培训，有计划、分类开展知识培训、业务技能培训、信息化培训等活动，从思想认识、知识储备、业务能力等方面实现全方位提升。

注重引进专业管理人才。结合当前社会保险业务档案管理规范化建设的实际需要从社会引进一批专业人才，解决当前档案规范化管理人才短缺的燃眉之急，积极推动档案管理队伍建设。具体应完善相应的档案管理人员选拔、任用机制，完善现有管理人员激励机制，增强档案管理岗位对人才的吸引力。此外，还可以通过校园招聘和定向人才培养，从高校引进高素质人才充实到档案管理队伍之中，并建立人才引进长效机制，为社会保险业务档案规范化管理提供持续的人才保障。

### （四）业务档案规范化管理的安全工作优化路径

社会保险业务档案规范化管理是一项复杂的系统工程，既需要主要领导对档案规范化管理工作进行宏观规划和微观推动，也需要将安全理念贯彻到档案规范化管理始终，确保档案信息安全，进一步提升社会保险业务档案规范化管理水平。在具体实施过程中可以从以下两个方面入手：

第一，树立安全意识。思想指引行动，只有社会保险业务档案管理人员从内心深处认同社会保险业务档案安全工作的价值，才会在工作中主动地践行相关安全制度机制，才能够结合社会保险业务档案管理的实际需要对可能存在的风险点进行梳理，并提出合理化建议，采取针对性的措施。因此，社会保险业务档案管理部门要经常性地宣传社会保险业务档案规范化管理的重要意义，经常性地宣传社会保险业务档案安全工作的现实意义，让广大档案管理工作者对当前社会保险业务档案安全工作进行深入思考，并结合自身工作情况，对可能存在的风险安全隐患进行梳理，进一步提升社会保险业务档案管理人员的安全风险意识。

第二，加大对社会保险业务档案管理人员的安全教育和培训。社会保险业务档案安全工作具有非常强的专业性，这就对档案管理人员的技术能力提出了新的要求，社会保险业务档案管理部门要与本地区的机要保密部门、档案管理部门密切配合，对社会保险业务档案管理人员培训内容和培训方式进行优化和创新，主动地将最前沿的保密信息和保密技术引入培训内容之中，让社会保险业务档案管理人员系统地掌握信息保密技术，切实保障社会保险业务档案信息安全。

总之，新形势下，无论是社会发展需要，还是网络信息技术的不断发展，对社会保险业务档案规范化管理都提出了新的要求。社会保险业务部门也应该从自身实际出发，主动地引进现代信息技术，推动社会保险业务档案信息化进程，完善相应制度机制，加大人才培养和人才引进力度，积极推动社会保险业务档案规范化进程，更好地服务经济社会发展，服务人民群众。

# 第三节　社会保险业务电子档案管理

近年来，随着我国社会经济和现代信息技术的快速发展，各行业领域社会保险的参保人数大幅度增加，社会保险电子化发展，能够提升档案的运用，发挥其易保存、易查阅、易调取等优势。

## 一、社会保险业务电子档案管理的特点

### （一）电子档案的信息存储量大

在社会保险经办机构将社会档案信息转化为电子数据资料后，可以彻底打破以往档案管理模式的空间、时间限制，并通过运用大数据技术、物联网、互联网、人工智能等数字化手段，将各个区域、多个社保经办机构档案馆中的庞大档案信息资源存储于计算机硬盘中，这表明电子档案管理具有信息存储量大、存储时间长等特性。

将纸质版档案信息转化为电子档案后，其管理不再受到档案库房空间、温度、湿度等内外因素的影响，能够从根源上规避档案资料缺失、受潮、发霉、腐蚀、虫咬等风险隐患的发生。并且，电子档案的日常管理、调整、使用大都在计算机设备上完成，不仅有利于提升社会保险业务档案的管理效率，还可以降低社会保险业务档案管理成本，减少不必要的管理费用。

此外，社会保险业务电子档案管理运用，既具备检索、使用高效便捷等优势，又能够有效防止档案在查问、他用过程中因多重因素所造成的档案信息失真、重大档案丢失及等问题，最大限度地保证社会保险业务档案信息资源的安全与稳定。

### （二）电子档案管理的效率高

社会保险业务电子档案管理是基于现代信息技术和信息化办公设备基础上，在业务办理完结后，通过网络信息平台或信息管理系统进行档案信息自动传递、随时归档处理等工作的一种创新型技术手段。做好社会保险业务电子档案管理工作，不仅可以打破人工档案管理模式的束缚，还将档案管理人员从繁重的档案信息采集、编排、归档等工作中脱离出来，减轻档案管理工作人员的工作量与工作负荷。

社会保险业务电子档案是档案管理人员通过采用扫描、拍照、摄像等形式，将原有纸质版档案转变为电子档案或文件影像，并存储于计算机系统中的特殊信息载体，通过运用社会保险业务电子档案，除了可以弥补传统档案管理模式的弊端之外，还可以实现社会

保险业务档案的高效传输、查阅、调取、下载和打印，最终达到档案管理工作效率与工作质量的双向提升。

### （三）电子档案资源的利用率高

现阶段，社会保险业务电子档案管理除了具备管理成本高、信息存储量大等特点外，还具有档案资源利用率高的优势，具体体现在社会保险业务电子档案可以在互联网和计算机软件技术的支持下，有效实现档案信息的快速传输、实时共享、自动分类等目标，进而使电子档案文件资料的收集、存储、查阅和调取变得井然有序。

电子档案管理可以缩短档案信息的加工时间和检索时间，通过利用档案信息系统中各个功能模块，帮助档案信息使用者对所需资料进行精准定位、快速筛选、自助下架和在线打印，进一步提升档案信息资料的利用效率。另外，社会保险业务电子档案管理工作的贯彻落实，可以运用档案信息共享平台打破不同省份、不同区域、不同经办机构之间的档案信息壁垒，不断提高档案信息的传输速度和共享效率，并对不同时期的社会保险业务档案进行全方位、动态化监管维护，为后续档案管理工作开展奠定坚实的基础。

## 二、社会保险业务电子档案管理运用的有效路径

### （一）提高重视程度

想要有效规避社会保险业务电子档案管理中的各类细节性问题，最关键的是提高当地政府、相关社会保险业务办理部门、公民等各相关方对社会保险业务电子档案资料的重视程度。特别是社会保险事业单位，应定期开展有关社会保险业务电子档案的专家知识讲座、会议活动和系统化学习，对单位相关工作人员普及、宣传社会保险业务电子档案管理工作的必要性和重要性，使其能够在日常工作中做好对社会保险业务档案的规范管理；同时，全面总结社会保险业务电子档案管理工作中的细节性问题，深入分析这类问题的发生原因并提出切实可行的改进意见，从而使社会保险业务电子档案管理工作质量和工作效率得到大幅度提升。

加强对社会保险业务档案管理人员工作行为与工作态度的监管，严格要求其按照分门别类式的管理模式，对各种社会保险业务档案资料加以规范管理，并充分利用大数据、互联网、计算机等先进技术手段，及时更新社会保险业务档案相关数据，以此来确保档案数据资料的实效性和科学性，进一步实现档案更新效率的有效提升。另外，在社会保险业务电子档案管理运用过程中，还应围绕广大人民群众，定期组织或开展多种形式的档案法律法规宣传、推广教育活动，加深全社会对相关内容的深刻认识与理解，进而将社会保险业务电子档案管理工作的现实意义渗透到各个层面，逐渐在全社会营造一种良好的档案管理氛围。

## （二）加大设施配置的资金投入

基于大数据时代背景，社会保险业务电子档案管理模式逐渐受到社会各界的广泛关注和认可。在此种条件下，社会保险事业单位应高度重视社会保险业务电子档案管理的运用研究，根据本单位社会保险业务办理部门的实际情况，适当加大软硬件基础设施配置、专项资金及专业技术人才的接入，并设置专门的社会保险业务档案存档部门或档案管理岗位。

积极借鉴其他地区优秀的管理模式与实践经验，结合本单位档案管理需要，引入先进的电子档案管理技术手段，增加高性能软硬件设备配置，为社会保险业务电子档案管理提供强有力的技术支撑，从根源上避免因软硬件配置不到位所引发的电磁干扰或病毒入侵等问题。此外，社会保险经办机构应加强与相关单位的协同合作，以满足社会保险业务电子档案管理需求为出发点，设计研发涵盖社会保险业务经办、档案信息自动采集、业务维护、档案信息安全维护等功能模块的电子档案管理信息系统和数字化档案管理共享平台，不断推进社会保险经办机构、服务大厅和互联网自助终端的深度统合，在降低社会保险业务档案管理难度的同时，打造全方位、动态化的社会保险业务档案管理运营系统，从而为各类企业、单位、群众体系提供更加优质、高效的社会保险经办服务。

### 1. 多渠道申请管理资金

社会保险档案电子化管理需要大量资金投入，社会保险经办机构要多渠道申请资金。先进的电子设备和网络基础设施是档案电子化管理的基础，能够保障档案信息安全和高效利用，但造价也非常昂贵。档案工作的价值具有长期性和隐蔽性，不是马上就能体现出来的，所以会导致决策层忽视档案电子化管理的资金请求。但从宏观的角度来看，档案管理是对社会保险整个业务发展过程的准确记录，是其他工作稳步推进的基础。社会保险档案电子化管理需要资金，社会保险经办机构要积极与当地政府协商，增加资金投入，加大各项软、硬件设施的资金支持力度，使其高度重视社会保险档案电子化工作，将社会保险档案电子化管理作为社会保险机构重点建设项目，推进财政审批，提供财力物力支持。同时调动社会力量，合理吸纳资金。社会保险档案电子化管理有助于公共资源的开发和利用，为社会其他行业的发展提供有价值的信息，可适当动员有实力的公司和个人帮助推进社会保险档案电子化管理。

### 2. 设立专用的专项资金

目前，档案电子化建设资金主要来自政府的专项财政资金，建设目的是为提高社会保险档案管理和提升公众满意度，这是一项需要不断拓展和不断完善的民生项目，需要不断注入相应资金才能得到持续有力的保障。社会保险经办机构依法开展档案电子化工作，把档案电子化工作列入单位重点工作中，统筹安排档案经费，设置档案电子化专项资金，必须按照专项资金要求进行专款专用，依法依规实施规范管理。从领导层面强化社会保险档案电子化专项资金的使用，防止在其他资金不足的情况下挪用该项资金，同时明确资金用途，将档案专用资金使用标准制度化、规范化；在财务部门层面，要细化每一笔开支，保障专项资金有据可查，必要时进行账目公示；社会保险档案中心要履行监督职能，确保专项档案资金全部用于档案工作发展，如发生挪用专项资金，随时向上级主管部门和财政部门反映情况，做到有效监管。

### 3. 持续注入资金，做好更新维护

社会保险经办机构在档案电子化过程中，需要采购必要的硬件设备和软件信息系统，同时硬件设备和软件信息系统须根据业务发展进行更新换代和运营维护，这样才能保证档案电子化管理的长期性和可持续性。

硬件设备除基本电脑装置一般还包括扫描仪、扫码枪、存储设备和档案备份设备等，这些硬件设施是档案电子化工作的基础工具，应多采用预算范围内质量上乘的国产设备。

软件系统方面，诸如操作系统、监控系统、安全管理系统和杀毒系统等。软件系统的开发和运营维护是一个需要不断注入资金的过程，社会保险档案是民生工程，其保密性极强。在采购时应多使用国产软件，降低风险系数。

档案电子化资金注入硬件设备、软件系统和软硬件的更新维护，准备好基础设施，才能开展好档案电子化工作。社会保险档案系统运营维护工作可采取部分外包的方式，利用外包公司先进的技术和人力资源，弥补县域社会保险经办机构缺乏专家型信息人才和技术的短板，充分发挥人才优势和技术优势，保障社会保险档案信息系统安全、准确、高效运行。

### （三）建立完善管理制度及体系

为了确保社会保险业务电子档案管理的规范性和权威性，相关部门必须以国家档案管理规范标准为依据，结合当下社会保险业务电子档案管理的新要求，建立完善的社会保险业务电子档案管理制度，科学划分社会保险业务档案分类，严格确定社会保险业务电子档案保管期限，规范电子档案收集、整理、归档范围与办理程序，明确各职能部门、各岗位人员的具体任务和工作职责，全面整合日常管理中所产生的社会保险业务报表及文书资料，尽可能减少重复管理、交叉管理现象的发生，减少不必要的资金浪费，进一步提升社会保险业务电子档案管理的整体效果。同时，构建更加健全标准的社会保险业务电子档案管理体系，确保各项档案管理工作能够有章可循、权责到人、违法必究。

社会保险经办机构还应分别围绕社会保险电子档案收集、整理、归档、备份、移交、销毁、利用等工作构建与之对应的管理机制，明确不同类型业务电子档案的归档程序与标准，并在相关权限范围内，为电子档案使用者提供检索、浏览、下案、打印社会保险业务电子档案信息资源的权限服务，切实保障元数据和电子档案的精细化、高效化管理。

### （四）注重高素质档案管理人才队伍培养

由于社会保险业务档案管理工作所涵盖的行业较多、保险种类较为多元，内容较为烦琐，因而对相关档案管理人员的专业基础知识储备、业务能力和计算机技术应用能力有着较高的要求。然而就目前的情况来看，多数社会保险经办机构仍存在档案管理人员文化知识水平不高、整体素质较低及一人兼职多岗的问题，这些都在一定程度上对社会保险业务档案管理造成了不利影响。

1. 注重高素质管理人才的角度

对此，必须注重高素质社会保险业务档案管理人才队伍的培养，具体可从以下几个角度入手：

（1）从人才招聘的角度出发，必须明确新时期对社会保险业务档案管理人员提出的新要求，主动摒弃传统、滞后的人才选拔方式，注重考查应聘人员的专业能力、技术特长、基础知识储备等条件，不断引入高水平、高素质的复合型人才，更好地优化单位人才组织结构。

（2）针对现有的档案管理人员，社会保险事业单位或经办机构应为其提供继续教育的平台和机会，具体可通过定期组织开展有关社会保险业务电子档案管理的专项培训、专家讲座、实操模拟、外出进修等多元化、系统化培训活动，不断提高档案管理人员专业知识水平和实践操作能力，引导档案管理人员尽快掌握电子档案管理的新技术和新方法，使其能够更好地适应新时期社会保险业务电子档案管理工作的新要求。

（3）高质量档案管理人才队伍建作为社会保险业务电子档案管理工作中的核心构成要素，其专业素养和专业技能水平的高低直接决定电子档案管理工作的落实质量及工作效率。因此，社会保险经办机构应结合各职能部门的工作内容和工作难度，建立科学、合理的奖惩激励机制，充分激发档案管理人员的主观能动性和工作积极性，并将员工日常工作表现纳入绩效考核中，最终实现社会保险业务电子档案管理的体系化和科学化，努力夯实高质量档案管理人才队伍建设。

2. 完善用人机制，扩充人才队伍

社会保险档案电子化工作的发展必定离不开人才的支持，定期按照国家职业评定要求对其进行相应的考核和评选，培养优秀的人员用以充实员工队伍。各级社会保险经办机构务必加强档案人才的培训工作，既具备专业实操素养和能力，也须爱岗、专注、敬业。在实际工作中，加强复合型人才培养和引进，建立多层级人才队伍建设势在必行，应重视社会保险档案管理人才的引进，提高队伍的整体技能水平。

3. 提升管理人员的综合能力

在信息高速发展的时代，档案电子化的任务不仅仅是档案电子化负责人的责任，更是所有档案工作人员共同的责任。培养一批对档案电子化管理模式接受能力强、工作热情高涨、思想转变快和创新能力强的档案工作人员，必将推进档案电子化的工作进程，促使档案电子化快速发展。档案电子化管理人员的整体素质是衡量社会保险档案电子化发展水平的重要指标，没有合理的人员结构，档案电子化的持续性发展将无从谈起。这就要求档案电子化管理人员要不断学习，提高自己的专业水平，不仅要熟悉档案电子化的基础知识，还要强化计算机系统的操作水平。

在信息技术飞速发展的今天，计算机技术的影响越来越大，社会保险档案电子化工作需要更多高学历、高素质的专业人才，档案电子化管理工作才能跟得上时代发展的步伐。针对目前我国社会保险档案电子化管理人员的现状，首先要提高工作的积极性，各单位应建立完善的奖惩机制，强化素质培训，使其更有责任感；其次社会保险档案电子化管理工作需要更多的专业人才加入，提高学历和专业等方面门槛，努力引进高精尖的专业档案人才参与到档案电子化工作中来；三是注重社会保险档案电子化管理培训，定期开展档案管理人员参观、调研、交流等活动，学习系统内先进的管理经验和成熟的操作模式，提升社会保险档案电子化管理人员的综合素质。

4.打造管理人才梯队

档案管理人员的综合素质是社会保险档案电子化取得成功的决定性因素之一，档案管理人员不仅需要具备优秀的档案业务能力，还必须精通实用的计算机办公技术，这样才能更好地适应瞬息万变的互联网办公环境，因此需要打造一支高素质的档案管理队伍。首先，档案管理在我国经过不断的发展，从事该工作的老员工已经积累了相关经验，但是这些员工在年龄层面普遍偏大，对于电脑或互联网的熟悉程度和操作能力有所欠缺。通过现场培训提高这部分人员的综合素质和电子化水平，定期开展计算机、互联网和系统实践操作的培训，将这批经验丰富的档案管理人员推广到电子化管理中。其次，社会保险档案管理中通常有一些兼职岗位，这部分员工流动性高，兼职员工在档案管理任务中缺乏专业性。通过业务培训，提高这部分员工的档案管理水平和计算机操作水平，将他们充实到档案电子化建设中来。最后，复合型人才是社会保险档案电子化发展的重要条件之一。将业务水平出众的员工进行集中培训，对其进行专项培训，使其成为这个领域的专家型人才。从而以点带面，带动单位其他员工积极学习，打造一支强大的人才梯队。

（五）加快推进智能化电子档案管理建设

大数据时代，想要保证社会保险业务电子档案管理运用效率，要求社会保险经办机构根据电子政务标准体系、劳动及社会保障标准体系的相关要求，以项目实施建立成投融资运营模式为指导，结合市场发展需要及自身发展状况，在全国范围内积极构建社会保险业务电子档案管理系统，并指派专业技术人员全面负责社会保险业务档案数据信息的更新、维护工作，及时将工商部门、税务部门、医保部门在管理服务过程中所产生的数据信息上传到电子档案管理数据库中，彻底打破职能部门限制，形成集工商开户、税务缴费、社保经办于一体的电子档案数据实时互通的应用平台，实现电子档案信息资源的高效共享。此外，为保证社会保险业务电子档案信息的真实性和可靠性，还应建立完善的档案信息安全管理制度，着重注意电子档案管理信息系统与外部网络平台的物理隔离，通过设置语音登录、检索调回验证口令、防火墙、数手签名、人脸识别等安全防护技术手段，防止病毒入侵、黑客攻击对电子档案数据信息的蓄意篡改和恶意破坏，最大限度地保障社会保险业务电子档案管理运用安全。

总之，社会保险业务电子档案管理运用有着较为鲜明的特点及优势，是 提高社会保险档案管理效率与管理质量的重要途径。因此，相关部门必须加强对社会保险业务电子档案管理运用的重视程度，适当加大软硬件基础设施的资金投入，并通过构建完善的电子档案管理制度、提高档案管理人员专业素养和业务水平、加快推进智能化电子档案数据库建设等措施，促进社会保险业务电子档案管理工作水平的全面提升，推动我国社会保险事业的可持续发展。

社会保险档案是社会保险经办机构在经办业务时保留的具有利用价值的电子文档、图像、书面材料等历史记录。

## 三、社会保险档案管理规范和档案管理系统建设

### （一）规范管理的制度建设

坚持制度的统一性和规范性，社会保障体系建设要坚持国家顶层设计，做到全国一盘棋。规范社会保险档案电子化制度要做到从长计议，有条不紊，不可操之过急。

第一，社会保险档案中心应对档案电子化管理制度制定详细的工作制度，由主管领导牵头，各相关部门共同商讨，制定社会保险档案电子化管理的制度预案。

第二，各相关部门各司其职，共同落实，档案中心担主体责任，保证社会保险档案在电子化收集归档、保存和利用环节的安全性和完整性，总结档案电子化管理取得的成绩和遇到的问题，分析问题产生的深层次原因，寻找解决对策。

第三，档案中心严格监督，将实际工作中的情况及时反馈给主管领导，根据实际的情况修改电子化管理制度预案，这样形成管理循环，不断改进档案电子化管理制度，最终形成适合实际情况的档案电子化管理制度。

### （二）自上而下转变管理模式

我国社会保险统筹层次多为县市级统筹，不同地域存在明显差异。因此，推进全国社会保险统筹发展，可以平衡区域间企业和个人的负担，降低跨区域财政风险，促进社会保险基金的合理调整和使用，提高国家防范社会保险的风险防范能力，对保持社会保险可

持续性具有十分重要的意义。我国的基本国情和政治制度决定了我国社会保险档案的电子化建设必须采用自上而下的方式。社会保险档案自上而下统一管理经办模式，省、市有关部门一定要协调好形成统一的系统模块，使发展标准做到统一，使现有的电子文件更加高效、标准化、便于共享。单位内网系统和电子政务系统可以互联互通，共享数据，以社会保险内部网站为基础，按照多层结构自上而下形成记录、储存、安全的组织管理体系。

### （三）促进系统内网＋外网统筹

随着数字化的发展，在未来数年社会保险档案系统将逐步实现国家统筹规划。各城市可参照哈尔滨等地区的先进经验，在社会保险经办机构和政务服务中心的数字化查询机上增设档案查询模块，通过数字化查询机就可以根据档案的标志信息来查询档案内容。另外，可在官方小程序和社保 APP，将参保人员的社会保险档案信息通过互联网关联，这样办事群众可以通过身份证或人脸识别查询社会保险档案信息。

公民通过对个体参保人的身份证号码建立社会保险档案号码，以便社会保险经办机构更好地配合人员调动或搬迁。这个号码是唯一的，专门用来代表个人的社会保险号码。社会保险号码可以被认为是社会保险档案号码。此外，参保人所做的一切变更都通过系统以电子文件的形式记录下来，并在互联网上录入和共享，使参保人可以在任何地方随时通过互联网查询自己的社保工作记录。社会保险工资记录也可用于计算参保人退休时的退休工资，并可能增加社会保险运作的透明度。通过社会保险档案开通的门户网站，还可以查询到参保人和参保单位社会保险基金的收支情况，参保人可以查询基金的运行情况，方便参保人和参保单位查询信息。

# 第四节　社会保险档案数字化建设

数字化时代的来临，数字化技术在社会发展中的地位越来越重要。在社会保险事业和档案事业的发展中，数字化和信息化建设已经逐渐成为重要的发展趋势。随着社会保险体系建设的逐渐成熟，社会保险的参保人员数量的持续增长，庞大的数字对于社会保险档案的建设发展提出了严峻的考验。社会保险事业的发展关乎民生稳定，作为民生档案，社会保险档案是参保人及参保单位的权益真实记录者，也是支撑社会保险事业发展的重要部分。

为更好地应对社会保险档案发展所面临的考验，为公众提供更高质量的社会保险经办服务，更有效地促进社会保险事业的现代化的有效实现，各地、各级社会保险事业部门都提升了对社会保险档案数字化建设的重视程度。在之后的社会保险档案数字化建设的工作中，要继续做好顶层设计，完善制度建设；加强档案管理，完善管理工作；提升人才素质，引进专业人才；加强信息保护，筑牢安全防线。多措并举推进社会保险档案数字化建设，继续提升社会保险档案数字化建设的水平，让社会保险档案可以更好地服务社会。

社会保险档案数字化建设的优化措施如下：

## 一、强化社会保险档案顶层设计，完善制度建设

在之后的社会保险档案数字化的建设中，要继续强化顶层设计，完善制度建设。在未来，要结合社会保险档案的具体特点和内容，出台更有针对性的关于社会保险数字档案的法律制度，完善法律制度建设，推进社会保险档案数字化的建设进程。因此，在未来的社会保险档案数字化的建设中，要推动制度建设向精细化发展，综合规划，出台更权威、更细化的关于社会保险数字档案的管理规范和制度标准，从而实现保障社会保险档案数字化建设标准规范的统一，为进一步推动社会保险档案数字化打好基础。

## 二、加强社会保险档案管理，完善管理工作

在社会保险档案数字化的建设中，要针对新的档案形式辅以更现代化的管理方式。当前，社会保险电子档案对社会保险事业的发展越来越重要，社会保险电子档案管理工作现状也可以直接体现社会保险事业工作的状况。在之后的社会保险档案数字化建设的过程中，要从不同的角度加强社会保险电子档案管理工作，完善管理工作。

从管理者角度，社会保险电子档案管理者应当积极提升对于数字化工作的认识，增强数字化、信息化素质，完善电子档案的管理工作，提升数字化技术在社会保险档案管理工作中的应用程度。从管理技术角度，在社会保险电子档案管理中，要应用新的管理技术和管理模式，利用当前的先进信息技术，来提升管理的效率。通过引进科学的管理技术、管理模式来梳理整个社会保险电子档案管理的流程，结合现代化管理的要求，提升管理效率，完善电子档案的管理工作，推动社会保险档案数字化建设的发展。

## 三、提升社会保险档案人才素质，扩大人才队伍

在社会保险档案数字化建设进程中，人才队伍能力素质的高低会直接影响社会保险档案数字化建设成效。在未来，有必要将人才队伍建设作为推动社会保险档案数字化建设的可持续发展的重要保障措施。

第一，积极引进高素质人才。要继续丰富人才队伍，建立复合型的人才队伍，既要有信息专业的人才，也要有档案专业、社会保险专业的人才，为社会保险档案数字化建设提供扎实的人才保障。各地各级社会保险档案管理部门要积极升级本单位保险档案管理人员的人员结构，为之后的社会保险档案数字化建设打下良好的基础。

第二，加大对社会保险事业单位内部档案管理人员的教育和培训，既要将社会保险

档案业务作为主要培训方向，也应要求社会保险档案管理人员广泛地学习大数据、人工智能等网络信息技术，并对社会保险电子档案系统进行灵活操作，为之后的社会保险档案数字化建设创造有利条件。

## 四、加强社会保险档案信息保护，筑牢安全防线

第一，创新安全技术。社会保险档案数字化建设需要强有力的安全保障，社会保险档案管理部门应当加强安全技术的更新力度，高度重视社会保险档案的安全性，加强网络风险的安全处理工作，切实提高安全防护等级，有效减少数据损失和信息泄露的情况。同时，要在完善数据系统的基础上引入全新的病毒查杀软件，对病毒查杀软件进行升级和维护，进一步提升社会保险电子档案系统的安全性。

第二，做好存储备份工作。社会保险档案事关民生，关系到公众的个人信息隐私，是重要的民生档案，在之后的社会保险档案的数字化建设工作中，要做好对重要的社会保险档案信息进行备份的工作，要按照规范对社会保险档案进行收集与存储，提高社会保险档案数据信息的备份水平，完善档案风险应急预案，加强风险防控。

总之，数字化技术的快速发展为社会保险档案的发展带来机遇，也带来了一定的挑战。社会保险档案数字化建设值得我们给予更多关注，当前，在社会保险档案数字化建设的过程中，存在制度、人才、安全等多方面的问题。我们要根据具体的问题实施有针对性的优化措施，完善制度建设、完善管理工作、扩大人才队伍、筑牢安全防线，多措并举，继续推进社会保险档案数字化建设，推动实现社会保险事业和档案事业的现代化。

# 参考文献

[1] 鲍兰兰 . "全时代"下档案鉴定工作的必要性研究 [J]. 办公自动化 ,2023,28 (01):48–50+18.

[2] 曾凤鸣 , 袁霞 , 郭嘉林 , 等 . 档案保管期限自动鉴定功能研究 [J]. 中国档案 ,2022,589 (11):72–74.

[3] 曾英 . 档案工作在"三个住建"理念实践中的作用 [J]. 机电兵船档案 ,2023,225 (02):36–38.

[4] 陈超 . 档案工作的美学研究 [M]. 延吉 : 延边大学出版社 ,2019.

[5] 陈星 . 如何提升档案管理人员素质 [J]. 现代企业文化 ,2022,615 (36):19–21.

[6] 程妍妍 , 宋莹 , 郑伽 . 国外档案工作与人工智能 : 潜力和挑战 [J]. 中国档案 ,2022,586 (08):78–80.

[7] 迟文英 , 马彦祺 . 强化"四种意识"着力提升新时代档案工作服务效能 [J]. 办公室业务 ,2022, (24):133–134.

[8] 崔静 . 基层市场监督管理局的档案管理探究 [J]. 现代企业文化 ,2022,591 (12):31–33.

[9] 丁海斌 , 方鸣 , 陈永生 . 档案学概论 [M]. 沈阳 : 辽宁大学出版社 ,2014.

[10] 丁海斌 . 档案起源 : 过程说与根本作用说 [J]. 山西档案 ,2020, (04):16.

[11] 董飙 , 鲁艳丽 , 张凤玲 . 社会保险档案管理工作的展望 [J]. 兰台内外 ,2022,381 (36):7–9.

[12] 董恩政 . 浅议档案管理现代化现状与优化对策 [J]. 兰台内外 ,2023, (07):34.

[13] 卓燕鸣 . 关于我国社会保险基金监督管理的探讨 [J]. 质量与市场 ,2022, (20):181.

[14] 樊伟伟 . 浅析旅游系统档案管理信息化建设 [J]. 办公室业务 ,2021,365 (12):106–107.

[15] 付贺 , 石新英 , 吴园园 , 等 . 大数据背景下档案管理现代化探究 [J]. 科技资讯 ,2023,21 (04):228–231.

[16] 高珂佳 . 浅谈档案数字化背景下的档案利用 [J]. 航天工业管理 ,2023,470 (03):78–80.

[17] 贾桂兰 . 社会保险档案管理存在的问题及其解决方法探讨 [J]. 兰台内外 ,2022,374 (29):34–36.

[18] 赖永聪 . 新时代档案工作问题与挑战 [J]. 兰台内外 ,2023,389 (08):49–51.

[19] 李蕙名 , 王永莲 , 莫求 . 档案保护学与科技档案管理工作 [M]. 沈阳 : 辽宁大学出版社 ,2021.

[20] 李珏 . 基于社会记忆理论范式探讨档案收集工作的转变 [J]. 陕西档案 ,2022,(05):54–55.

[21] 李沁娟 , 宋亚玲 . 浅谈图书馆业务档案鉴定工作 [J]. 黑龙江档案 ,2023,256 (01):192–194.

[22] 凌伟志 . 县级政府市场监督管理机构职能履行研究 [D]. 湘潭 : 湘潭大学 ,2020:1.

[23] 刘威 . 社会保险业务电子档案管理运用探讨 [J]. 中国产经 ,2022,302 (22):88–90.

[24] 刘威 . 新时期社会保险业务档案管理工作发展途径讨论 [J]. 就业与保障 ,2022,300 (10):103–105.

[25] 刘文琴 . 基于"互联网 +"的现代化档案管理转型 [J]. 办公自动化 ,2022,27 (24):22–24.

[26] 刘幸幸 . 档案鉴定工作中存在的问题及优化策略 [J]. 办公室业务 ,2022,395 (18):133–135.

[27] 刘祎 . 档案管理 [M]. 长春 : 吉林人民出版社 ,2018.

[28] 卢丹 . 浅谈社会保险档案的管理 [J]. 档案天地 ,2022,338 (06):57–58.

[29] 鲁冰 . 加强社会保险业务档案管理标准化的分析思考 [J]. 山西青年 ,2021, (18):105–106.

[30] 鲁萍 . 浅析新形势下加强市场监管档案管理工作路径 [J]. 财经界 ,2022,625 (18):71–73.

[31] 马卓敏 . 浅谈大数据时代自然资源档案保管与保护 [J]. 黑龙江档案 ,2022,255 (06):173–175.

[32] 孟祥蕊 . 档案鉴定工作问题与优化策略探索 [J]. 产业与科技论坛 ,2021,20 (23):202–203.

[33] 苗壮 . 关于档案管理人员素质能力建设的几点思考 [J]. 黑龙江档案 ,2023,256 (01):270–272.

[34] 聂云霞 , 陈彦慧 . 基于整体智治的档案人才培养梯度机制探析 [J]. 档案管理 ,2023,261 (02):89–93+96.

[35] 潘连根 . 档案学元理论研究 [M]. 杭州 : 浙江大学出版社 ,2019.

[36] 任丽梅 . 档案价值鉴定研究 [J]. 兰台内外 ,2022,375 (30):52–54.

[37] 王琳 , 赵彦昌 .21 世纪以来档案鉴定研究述评——基于 7 种核心期刊的学术考察 [J].

陕西档案 ,2023, (02):9.

[38] 王晓燕 . 关于做好价格认证档案收集工作的对策 [J]. 陕西档案 ,2022, (06):56–57.

[39] 谢春霞 , 苏晓霞 . 把握新变化适应新要求做好档案统计工作 [J]. 云南档案 ,2019,334 (11):58–59.

[40] 杨青 , 刘汶源 , 郭敬蕊 . 社会保险档案数字化建设的问题及优化措施研究 [J]. 档案天地 ,2022,344 (12):57–60.

[41] 杨文 , 姚静 . 档案学科建设与人才培养的数字转型——基于图书情报与档案管理一级学科更名为信息资源管理的思考 [J]. 图书情报工作 ,2023,67 (01):99–107.

[42] 袁鸣岐 . 旅游档案建设与发展利用对策探析 [J]. 黑龙江档案 ,2021,244 (01):46–47.

[43] 翟会英 . 有效提升档案资源利用效率的策略 [J]. 办公室业务 ,2020,332 (03):97+99.

[44] 张斌 , 杨文 . 建构中国自主的档案学知识体系 [J]. 中国图书馆学报 ,2023,49 (02):41–56.

[45] 张黎英 . 档案收集整理工作的重要意义研究 [J]. 办公室业务 ,2022,390 (13):128–130.

[46] 赵博 . 社会保险档案管理系统的设计和实现 [J]. 信息记录材料 ,2023,24 (02):151–154.

[47] 仲华 . 档案统计工作的内容与意义探究 [J]. 城建档案 ,2020,253 (10):108–109.